실전 사이버 인텔리전스

실전 사이버 인텔리전스

기업의 정보보안에서 즉시 활용할 수 있는
사이버 인텔리전스 체계 구축

윌슨 바우티스타 주니어 지음 박정우 · 최대수 옮김

i!i
에이콘

에이콘출판의 기틀을 마련하신 故 정완재 선생님 (1935-2004)

어머니 레베카 바우티스타와 아버지 윌슨 바우티스타는 언제나 저를 지지해 주고 이끌어 주셨으며,
평생토록 못난 제 행동을 잘 참아 주셨습니다.
아내 베로니카는 우리 삶의 여정에서 희생하고 사랑과 격려를 해주었습니다.
매일 영감을 주는 아이들, 앤드류, 데빈, 다니엘라에게 고마움을 표합니다.
그리고 알렉스와 마르타, 모든 것에 감사드립니다.
누이 카트리나와 자스민, 모두 사랑합니다.

– 윌슨 바우티스타 주니어

| 지은이 소개 |

윌슨 바우티스타 주니어^{Wilson Bautista Jr.}

군장교로 은퇴했고, 현재 i3 마이크로시스템즈의 IT/정보 보안^{InfoSec} 이사다. 정보 보안 리더십, 정책, 아키텍처, 규제 및 위험 영역 전문이다. 여러 정보 보안과 IT 인증뿐만 아니라 보스턴대학교에서 정보 시스템 석사 학위를 취득했다. MBTI^{MyersBrigg Type Indicator} 결과에서 INTP 유형으로서 논리적으로 사색하는 타입이며, 특히 정확성과 결정자 역할을 하는 드라이버 특성이 있다. 애자일^{Agile}과 섹데브옵스^{SecDevOps} 실무자로 기업에 높은 가치를 제공하는 혁신적인 통합 엔터프라이즈 규모의 사이버 보안 솔루션을 개발했다.

이 책을 쓸 수 있도록 지원해 준 가족(특히 아내)과 문화, 비즈니스 커뮤니케이션 관점에서 지지해 주고 충고해 준 전 세계 정보 보안 동료들, 오늘날 제가 존재할 수 있도록 도와준 군 관련 모든 분에게 감사 인사를 전합니다. 마지막으로 와인, 맥주 그리고 커피야, 고마워.

데이비드 갤러거 David J. Gallagher, CISSP

보안 인텔리전스 및 데이터 보호 솔루션 전문 선임 보안 컨설턴트다. 검증, 개발, 다양한 산업의 사업 분석 분야에서 25년 이상 쌓은 경력으로 글로벌 팀을 이끌고 있으며, 여러 비즈니스 부서를 대상으로 공통 목표를 달성하고, 개발/품질 보증 프로세스를 개선하고 있다. 보안 연구원으로서 진화된 최신 위협과 취약점을 전문적으로 다루며, 취약점을 이해하고 해결책을 개발하는 것에 관심이 많다.

| 옮긴이 소개 |

박정우(wooshack55@gmail.com)

이글루시큐리티에서 개발자로 시작해, 안랩에서 분석 업무를 하면서 블루 팀을 경험했고, NSHC 레드 알럿 팀에서 공격 시나리오를 만들면서 레드 팀을 경험했다. 현재 주식회사 쏘마의 인텔리전스 팀에서 MiTRE ATT&CK 기반 공격 시뮬레이션을 설계하고 개발하고 있으며, 공격 기법과 체계를 연구하고 있다.

최대수(maxchoi@kakao.com)

전남대학교 일반대학원에서 정보 보안 박사학위를 취득했으며, 이글루시큐리티에서 ESM(통합보안관리) 솔루션 개발팀장, 삼성 SDS에서 정보 보안 컨설팅과 보안 솔루션 인증업무를 했으며, 삼성그룹 보안 강사로도 활동했다. 이후 스플렁크에서 정보 보안 엔지니어로 재직했고, 현재는 팔로알토 네트웍스에서 보안 운영 및 관제 솔루션 전문 엔지니어로 재직 중이다.

| 옮긴이의 말 |

이 책의 제목인 '실전 사이버 인텔리전스Practical Cyber Intelligence'를 한 문장으로 풀어 보면 '기업의 정보 보안에서 즉시 활용할 수 있는 사이버 인텔리전스 체계를 구현하는 방법' 이라고 할 수 있다. 이 책에서는 기업에서 사이버 인텔리전스 체계를 만들고, 보안 운영 및 IT 부서와 협업하고 통합할 수 있는 관리 방안을 제시하고 있으며, 참고할 만한 여러 업무 프로세스와 방법론을 함께 설명한다. 특히 저자는 군에서 사이버 보안을 경험했기 때문에 나폴레옹의 전술이나 전장 용어를 사이버 보안에 적용해 예시를 제공해 준다. 그리고 기업에서 많이 적용하고 있는 F3EAD, OODA, PIR 개념을 기반으로 사이버 인텔리전스 체계를 마련하는 이론을 설명해 준다. 사실 사이버 인텔리전스라는 용어 자체를 악성코드 분석 결과에서 나온 차별화된 정보나 침해지표 IOC 정도의 범위에서 생각하는 사람들이 여전히 많다. 그런 것을 기대하고 이 책을 열어 본다면 실망할수도 있다. 이 책의 목표는 좀 더 넓은 업무 영역에서 사이버 인텔리전스 체계를 구축하는 것이기 때문이다.

최근 정보 보안 주요 트랜드 중에 '보안 오케스트레이션 및 자동화'가 있다. 이를 가트너에서는 SOARSecurity Orchestration, Automation and Response라고 부르며, 보안 관제와 운영 업무를 자동화해 조율하고, 위협 인텔리전스 플랫폼을 구현하는 기술 영역으로 정의한다. 사이버 인텔리전스 체계가 제대로 만들어진 기반 위에서 관련 기술이나 솔루션이 동작할 때 효과는 더욱 강화될 수 있다. 따라서 전사적인 사이버 인텔리전스 체계를 어떻게 만들면 좋을지 고민하는 정보 보안 부서장, CISO에게 이 책이 좋은 가이드가 될 것으로 생각한다. 또한 위협 인텔리전스를 통합하고 활용하는 보안 관제 센터장, 위협 인텔리전스 부서장, 관련 업무를 담당자들이 좀 더 시야를 넓힐 수 있는 기회가 될 것으로 생각한다.

역자는 실제 경험했던 국내 대기업의 정보 보안 관제 체계 구현에 활용되는 예제를 이 책에서 살펴볼 수 있었다. 따라서 기업에서 제대로 된 사이버 인텔리전스 체계를 마련하는 데 이 책이 이론적으로 도움이 될 수 있을 것이라 생각한다.

이 책을 공동 번역한 박정우, 최대수는 첫 팀원과 팀장으로 만나 12년이 지난 지금까지도 여전히 즐겁게 기술 교류를 하고 있다. 번역을 완료하기까지 일과 육아를 병행하면서 힘든 부분도 있었지만, 끝까지 해낸 서로에게 다시 한 번 감사를 전한다. 번역하는 동안 사랑과 인내로 함께 애써 준 박정우의 남편 허훈, 최대수 님의 사랑하는 아내 그리고 사랑스러운 자녀들 민호, 설이, 주원이에게 고마움을 전한다.

| 차례 |

7장   협력 기능 구축   159

13장 위험 관리 303

처음 이 책을 써달라고 요청받았을 때 위협 인텔리전스에 군사 타기팅targeting 방법론을 적용하려던 참이었다. 하지만 글을 쓰기 시작했을 때 다음과 같은 의문이 생겼다.

- 위협 인텔리전스가 조직에 어떻게 도움이 될까?
- 위협 인텔리전스에서 어떻게 가치를 만들어 낼 수 있을까?

이런 의문이 들자 IT 조직을 운영할 때 뭔가 빠진 게 있을 것이라는 생각에 책의 주제를 변경했다. 위협 인텔리전스는 조직에 적용할 수 없다면 가치가 없다. 그리고 조직에 적용되면 누군가는 조치를 취해야 한다. 이는 단순하게 들릴 수도 있으나, 더 생각해 보면 조직의 다양한 부서와 협업해야 하고 팀 간 프로세스가 너무 다르다. 결국 이런 이유로 책의 주제는 사이버 인텔리전스로 바뀌었다.

소셜 미디어에서 사이버 보안 뉴스를 찾아보면 최신 공격 기법, 사이버 보안 전문가의 필요성과 얼마나 우리가 안전하지 않은지 알 수 있다. 감성적으로 들릴 수 있겠지만, 고위 지도층들은 우리 조직이 '다음 희생자'가 될 수 있다는 피해망상에 시달린다. 많은 고위 지도층이 정보 유출 때문에 강등되는 것을 많이 보지 않았는가? 일부 정보 유출은 관리되지 않은 문제로 인한 것도 있지만, 종합적으로 보면 분권화된 결정을 허용하지 않는 낡고 관료주의적인 프로세스가 많기 때문이라고 생각한다.

IT 전체를 결정하는 여러분의 IT 조직과 IT 보안 그룹은 각 부서에 영향을 미치는 정보를 이용해 의사결정을 하고 있는가? 그렇다면 이 책은 여러분을 위한 것이 아니므로 내려 놓아도 좋다. 하지만 그렇지 않다면 이 책을 통해 업무 분리가 업무 수행 속도에 미치는 영향을 이해해야 한다.

군대에서 인텔리전스 능력이란 사령관이 의사결정을 내리고자 주변 환경을 이해하는 것이다. 이 책에서는 다양한 군의 인텔리전스 프로세스를 조직 전체에 적용하는 방법을 설명한다. 초급 분석가든 상급 관리자든 관계없이 여러분의 조직에서 즉시 배우고 실습해 볼 수 있다.

▌ 이 책의 대상 독자

다양한 군사 프로세스 및 개념을 활용해 IT와 정보 보안 운영을 개선하고자 하는 중소 규모 비즈니스의 중급, 상급 관리 전문가다. 또한 조직의 IT 운영 개선에 전체론적 접근 방식을 고려하는 미래의 업계 지도자들에게도 도움이 된다. 사전 관리나 기술 경험이 없다고 가정한다.

▌ 이 책의 구성

1장, 사이버 인텔리전스의 필요성   군에서 사용하는 인젤리전스의 간단한 히스토리, 인텔리전스의 종류, 군사적 사고 방식을 소개한다.

2장, 인텔리전스 개발   인텔리전스 단계와 개발된 인텔리전스 종류를 소개하고, 우선순위 정보 요청을 개발하는 방법을 보여 준다.

3장, 사이버 인텔, 보안 및 운영의 통합   OPSEC을 소개하고, 사이버 인텔리전스가 정보 보안과 IT 운영에 통합될 수 있는 방법을 이해하는 토대를 마련한다.

4장, 사이버 인텔리전스를 활용한 능동적인 대응   사이버 킬 체인을 소개하고, 사이버 인텔리전스를 활용해 사전 방어 기법을 수행하는 방법에 관한 또 다른 시각을 소개한다.

5장, 모두를 위한 F3EAD   중요한 타깃에 적용되는 발견Find, 해결Fix, 마무리Finish, 공격Exploit, 분석Analyze, 보고Disseminate 프로세스를 사용하는 방법을 소개하고, 사이버 킬 체인에 적용하는 방법을 알아본다.

6장, 위협 인텔리전스와 운영 통합   위협 인텔리전스 정보를 통합해 이해관계자에게 의미 있고 실용적인 정보를 어떻게 개발할 수 있는지 자세히 살펴본다.

7장, 협업 기능 구축   조직 전체에서 사이버 인텔리전스 정보를 제공하고자 통신 채널을 만드는 방법의 개요를 소개한다.

8장, 보안 스택   다양한 보안 기능에서 저장한 정보를 올바른 의사결정을 지원하는 사이버 인텔리전스로 개발하는 방법을 설명한다.

9장, 사이버 인텔리전스 운영   인텔리전스 패키지를 개발하고자 정보를 수집하고 보고하는 또 다른 수단으로 사용자를 어떻게 활성화할 수 있는지 자세히 설명한다.

10장, 정상과 이상의 기준   보고의 복잡성을 강조하고, 개체와 프로세스를 수평과 수직으로 살펴보는 방법을 알려 주고, 종단 간end-to-end 시스템에서 연속 모니터링 기능을 통합하는 방법을 소개한다.

11장, 신속한 문제 해결   좋은 정보 교류 채널 개발을 통해 사고 대응 능력을 개선할 수 있는 방법을 소개한다.

12장, 취약점 관리   정보 보안 내의 특정 기능을 자세히 설명하고, 이해관계자의 행동에 반영되는 정보를 개선하는 방법을 소개한다.

13장, 위험 관리   위험에 대한 전반적인 개요와 위험 관리 도구와 기법을 사용해 이해 관계자에게 전달되는 정보를 개선하는 방법을 설명한다.

14장, 체계 생성   종단 프로세스에 대한 위험 체계와 주요 위험 지표를 만드는 개념을 소개한다.

15장, 마무리 1~14장의 전반적인 개요를 설명하며, 사이버 인텔리전스 기능이 조직 내에서 완벽하게 작동하는 이상적인 상황을 소개한다.

▌ 이 책의 활용

저자는 모든 장을 연관지어 작성했기 때문에 이 책을 처음부터 끝까지 읽는 것이 좋다. 각 장에서 배우는 개념은 어떤 면에서든 서로 관련이 있다. 저자가 과거부터 현재까지 도움을 준 조직이나 팀에서 개발한 프로세스를 커스터마이징했기 때문에 정독하지 않는다면 완전히 헤맬 수 있다.

그리고 열린 마음으로 이 책을 읽고 "이것이 효과가 있다면?"이라고 스스로에게 묻길 원한다. 조직 내 자체 프로세스(IT와 비즈니스)를 개선할 수 있는 길을 가고 있다고 믿기 때문에 이렇게 하길 요구하는 것이다. 2017년 정보 유출 사고의 건수는 일부 조직의 프로세스가 효과가 없었음을 나타내는 지표다.

1. 우리는 더 이상 '항상 해오던 방법'을 받아들일 수 없다.
2. 우리는 서로 간의 갈등을 줄여야 한다.
3. 우리는 의사결정 속도를 높여야 한다.
4. 우리는 공격의 위험을 줄여야 한다.

이 책은 이미 보유한 자원을 이용해 IT 팀 간에 인텔리전스 기능을 개발함으로써 모든 단계에서 올바른 의사결정을 내릴 수 있게 하는 또 다른 방법을 소개한다. 내 팀을 위해 '일하게' 하고자 함께 모인 군대와 민간인 프로세스의 완전한 '차선책'이다. 이 책은 해결책이 아니라 이미 알고 있는 것으로 조직의 협업과 커뮤니케이션을 효율적으로 만드는 방법이다. 이렇게 함으로써 우리는 조직에 대한 공격의 위험을 줄이는 데 한 걸음 더 가까워지는 것이다.

▌ 이미지 다운로드

스크린 샷과 다이어그램의 이미지를 PDF 파일로 제공한다. https://static.packt-cdn. com/downloads/PracticalCyberIntelligence_ColorImages.pdf에서 다운로드할 수 있다.

또한 에이콘출판사의 도서정보 페이지 http://www.acornpub.co.kr/book/cyber-intelligence에서도 동일한 파일을 다운로드할 수 있다.

▌ 이 책의 편집 규약

굵게: 새 용어, 중요한 단어 또는 화면에 표시되는 단어를 나타낸다. 예를 들어, 메뉴나 대화 상자의 단어가 이와 같이 텍스트에 나타난다. 이를테면, 다음과 같다. "**관리자** 패널에서 **시스템 정보**를 선택하십시오."

 경고나 중요한 메모는 이렇게 나타낸다.

 팁과 요령은 이렇게 나타낸다.

▌ 정오표

한국어판의 정오표는 에이콘출판사의 도서정보 페이지 http://www.acornpub.co.kr/book/cyber-intelligence에서 확인할 수 있다.

이 책과 관련해 질문이 있다면 이 책의 옮긴이나 에이콘출판사 편집 팀(editor@
acornpub.co.kr)으로 문의해주길 바란다.

01

사이버 인텔리전스의 필요성

"비즈니스 인텔리전스(BI, Business Intelligence)란 소프트웨어와 서비스의 데이터를 실용적인 인텔리전스로 변환시켜 조직에서 전략적이고 전술적인 비즈니스 의사결정을 하는 데 영향을 미치는 것입니다."

– https://bicorner.com/2017/12/01/what-is-bi-business-intelligence-definition-and-solutions/

1장에서는 데이터를 실행 가능한 인텔리전스로 변환해야 하는 이유를 설명한다. 또한 사이버 인텔리전스와 사이버 위협 인텔리전스 간에 차이점을 설명한다. 살펴볼 내용은 다음과 같다.

- 사이버 인텔리전스의 필요성
- 군에서의 인텔리전스 활용

- 인텔리전스 종류
- 인텔리전스 운영 방법
- 기동전maneuver warfare[1] 소개

먼저 군에서 인텔리전스가 어떻게 사용돼 왔는지, 군이 미션을 수행하기 위해 어떻게 인텔리전스 구성하는지 살펴본다. 그리고 높은 수준에서 기동전의 개념을 설명하고, 기동전을 이용해 새로운 접근 방식으로 정보를 활용하는 방법을 이해해 본다. 이런 내용을 토대로 불확실한 것을 없애고 미리 위협에 대응할 수 있다.

▌ 사이버 인텔리전스의 필요성

조직에서 전략적이고 전술적인 비즈니스 의사결정을 하고자 보안 소프트웨어와 서비스의 데이터를 실용적인 인텔리전스로 변환해서 활용하고 있는가?

2017년 SANS 조사를 보면 조직에서 가장 많이 발생하는 위협으로 피싱(72%), 스파이웨어(50%), 랜섬웨어(49%), 트로이 목마(47%)를 꼽았다. 조직은 매일 수많은 공격을 받고있다. 어디부터 조치를 취해야 할지 분류하고 조사해야 할 엄청난 데이터로부터 경보가 누적되고 있다. 취약점과 잠재적 위협 요소를 발견할 수 있는 많은 도구가 있다. 하지만 현실에서는 정보 보안 조직과 비즈니스 간에 항상 이해 다툼이 있기 때문에 이런 정보를 분류하는 것은 어려운 일이다. 조직의 리더는 보안과 운영뿐만 아니라 위험 관리와 보안 규제를 적절히 준수해야 한다.

우리는 책에서 보안과 관련해 네트워크 취약점을 식별하고 유지하거나 제거해 침해의 위험을 줄여야 한다고 배웠다. 그리고 보안이 악의적인 사람들로부터 회사를 구해 주고, 우리에게 그런 권한이 주어질 것이라고 믿었다. 그러나 **최고 정보 보안 책임자**CISO, Chief

---

1 기동전이란 적의 군사력을 물리적으로 파괴하기보다는 기동을 통해 심리적 마비를 추구함으로써 최소한의 전투로 결정적 승리를 달성하게 하는 전쟁 수행 방식이다. – 옮긴이

Information Security Officer와 예산을 조정하는 관리자, 변경 요청 승인을 얻으려는 엔지니어, 과로와 가용성으로 인한 인적 자원 부족, 공급 업체, 회사 문화, 세계 문화, 조직과 그들의 정보에 상당한 위험을 초래할 수 있는 위협에 대응하는 데 방해가 되는 조직 프로세스와 같은 문제로 인해 현실은 훨씬 더 복잡하다. 따라서 불행하게도 보안 전문가에게는 불확실성, 공격의 징조, 갈등이 삶의 일부가 돼 버렸다.

마음속에 떠오르는 질문이 있다.

- 불확실성을 줄일 수 있을까?
- 우선순위는 무엇일까?
- 어떻게 노력에 집중할 수 있을까?
- 실용적인 정보를 제공해서 이해관계자를 설득할 수 있을까?
- 우리 팀을 어떻게 훈련시킬까?
- 어디부터 해결해야 할까? 해결할 수 있을까?

위협의 양상은 계속 변하고 있다. 우리는 매일 X와 Y에 취약한 시스템을 노리는 새로운 해커 집단이 있음을 알게 된다. 언론에는 국가 간 사이버 간첩 시도가 있다고 보도되고 있다. 무서운 것은 공격이 일어나지만, 아무도 체포되지 않는다는 것이다. 우리는 그저 우리 조직이 다음 공격 대상이 될지, 공격받는 날이 올지 불안한 상상을 하며, 나만 아니길 희망할 뿐이다.

이 책은 경영진과 분석가가 보안 상태를 효과적으로 전달하고 정보를 수집할 때 필요한 역할을 하도록 돕기 위한 것이다. 예를 들어 알려진 공격자들이 공격하는 환경에 존재하는 잠재적인 취약점의 정확한 공격 기법을 제공하는 **사이버 인텔리전스 기능**^{cyber intelligence} capability을 구축하고 조직의 자산에 대한 위험을 줄이고자 적절한 조치를 취할 수 있다.

▌ 군에서 인텔리전스 활용

"인텔리전스는 지식이나 기술을 습득할 수 있는 능력입니다."

사이버 위협 인텔리전스cyber threat intelligence는 해가 될 수 있는 공격자의 의도, 기회, 능력을 분석하는 것이다. 정보 보안 분야에서 훈련과 같은 것으로 위협 정보 분석가가 사용하는 특정 기술과 도구가 필요하다.

사이버 인텔리전스cyber intelligence는 심각한 취약점을 악용하는 공격이 가능한지 판단하고자 기업과 현재 상태 그리고 능력에 대한 정보를 얻는 것이다. 여러 수준의 정보 보안 분야 (위협 정보, 취약점 관리, 보안 구성 관리, 사고 대응 등)와 도구를 사용해서 모니터링을 통해 네트워크 정보를 수집하고, 위험 요소를 조치할 수 있도록 우선순위를 조절하는 모든 수준의 의사결정권자에게 보고하는 것이다.

지난 몇 년 동안 침투 테스트와 윤리적 해킹에 중점을 둔 새로운 인증이 나왔다. 이런 기술은 악의적인 공격자가 사용하는 도구와 방법을 사용해 조직 내의 취약점을 찾고자 하는 직원에게 완벽한 방법이다. 취약점을 찾고 모니터링하고 보고할 수 있는 기능을 갖춘 많은 도구가 있다. 같은 개념을 기업의 아키텍처에 어떻게 적용할까? 공격자처럼 생각하고 위험을 완화하거나 줄이는 방법을 우리 시스템에 구축할 수 있을까? 다음 소개할 몇 가지 내용은 사전에 방어할 수 있는 사고를 하도록 도와주고, 조직에서 사이버 인텔리전스 기능 아키텍처를 구축하기 위한 토대를 마련해 준다.

역사상 인텔리전스 이야기

"인텔리전스가 작전을 주도한다."

- 제29대 미해병대 사령관 알프레드 M. 그레이 대장

적에 대한 정보를 수집하는 방법은 수세기 동안 전쟁에서 실제로 이용돼 왔다. 인텔리전스를 사용하는 것이 중요한 이유는 군대 지휘관이 향후 작전에 대한 의사결정을 하는 데 도움이 되기 때문이다. 군대에는 인텔리전스 능력을 운영하는 전담 부서가 있다. 우리가 보안 운영에 인텔리전스를 적용하는 방법을 이해하기 위해서 인텔리전스가 무엇인지 그리고 인텔리전스가 군 역사에 어떻게 이용됐는지 이해해야 한다.

미국 독립 전쟁

> "워싱턴 장군은 실제로 영국인과 싸우지 않았습니다. 단지 우리를 감시했습니다."
>
> – 영국 정보 장교

미국보다 규모가 큰 영국 군대에게 겁을 주고 맞서 싸우고자 조지 워싱턴 장군은 무언가 해야 했다. 문제는 미숙한 미국 군대였다. 군대는 훈련을 받지 못했거나 훈련 중이었고, 예산도 거의 없었다. 이 문제의 해답은 스파이였다.

미국인들은 독립 전쟁에서 승리하고자 적의 행동을 알아야만 했다. 워싱턴 장군은 모든 사회 분야에서 영국인과 가까운 애국자가 필요했다. 그래서 그는 농부, 재단사, 가정주부, 다른 애국자와 같은 평범한 사람들을 고용해 스파이 집단을 만들었다. 게다가 영국 스파이들을 이중 간첩 요원으로 만들었다. 미국인들은 마을의 경계선 사이에서 정보를 전달하는 여러 에이전트 네트워크를 만들어 워싱턴 장군에게 영국의 행방과 다음 계획은 무엇인지 알렸다. 우편물은 가로챌 수 있기 때문에 워싱턴 장군은 이렇게 제안했다. "봉투를 뜯지 않고 여는 방법을 고안해야 합니다. 그리고 내용물을 복사하고 그대로 보내 봅시다. 이런 식으로 우리는 모든 방법에서 전문가가 돼야 합니다." 수집된 고급 정보는 대규모 중간자^{man-in-the-middle} 공격을 수행하고, 흐름을 극적으로 바꾸고, 혼란을 야기하고, 영국인의 의사소통을 방해하는 데 이용됐다.

나폴레옹의 인텔리전스 활용

역사책을 읽어 본 적이 있다면 나폴레옹 보나파르트를 들어 봤을 것이다. 나폴레옹은 군대 지휘관으로서 프랑스 혁명 전쟁 기간 동안 여러 차례의 전투를 이끌었고 나폴레옹 전쟁 기간 동안 다른 국가들에 대항해 프랑스를 이끌었다. 당시 군사 전술에 대한 그의 군사적 혁신을 많은 군사 조직에서 연구했으며, 그는 역사상 가장 위대한 지휘관 중 한 명으로 알려져 있다. 나폴레옹은 인텔리전스를 어떻게 활용했을까? 1805년에 수행된 '예나 전투Jena Campaign'에 대한 제이 루바스Jay Luvaas의 연구에 따르면 나폴레옹은 인텔리전스를 수집하기 위한 행동으로 다음과 같이 지시했다고 한다.

> "모든 설명에 나오는 좁은 길과 여울을 정확히 답사하라. 의존할 수 있는 가이드를 제공하라. 치료사와 우체국장을 심문하라. 주민들과의 좋은 이해관계를 신속하게 확립하라. 스파이를 보내라. 공적 및 사적인 서신을 가로채라. 그들의 대화를 번역하고 분석하라. 적진에 도착했을 때 장군의 모든 질문에 한마디로 대답할 수 있어야 한다. 장군은 적의 움직임에 대한 정보를 얻을 수 있는 방법을 무시해서는 안 되며, 이를 위해 정찰, 간첩, 유능한 경찰관, 신호 및 심문 관원과 수감자가 지휘한 경비 부대를 활용해야 한다."

나폴레옹은 다양하게 인텔리전스를 이용해야 하며, 상대방의 강점과 약점을 이해하는 데에만 국한되지 않는다는 것을 알고 있었다. 그는 지형지물 관련 정보를 사용해 자신의 군대가 이동할 최적의 장소를 찾고, 이점을 얻거나 피하기 좋은 장소를 파악했다. 그의 부하는 정보를 수집하고자 임의의 마을이 아니라 관심 있는 전략적인 장소에 스파이를 보냈다.

▌ 인텔리전스 종류

군에서 인텔리전스 능력의 중요성을 잘 이해하려면 여러 분야를 알아야 한다.

휴민트, 인적 인텔리전스

휴민트^{HUMINT, Human Intelligence}는 훈련된 수집가가 요소, 의도, 구성, 강점, 배치, 전술, 장비, 인력, 능력을 식별하고자 사람과 멀티미디어에서 외국 정보를 모으는 것이다. 지휘관의 인텔리전스 요구 사항과 다른 인텔리전스 분야를 충족하고자 정보를 수집하고, 수동 및 능동적으로 도구와 다양한 수집 방법으로 사람을 이용한다.

휴민트 수집은 공공연하거나 은밀한 작업으로 수행된다.

공적^{overt} 수집은 일반적으로 은폐 없이 법적 수단을 통해 개방적으로 이뤄진다. 은밀한 ^{clandestine} 수집은 일반적으로 지정된 나라의 외국 언어와 문화를 학습한 사람이 수행하기 때문에 현지인과 섞여 비밀리에 수집이 이뤄진다.

예:

- 스파이^{espionage}
- 심문^{interrogation of personnel}
- 순찰^{patrolling}
- 정찰^{reconnaissance}

이민트, 이미지 인텔리전스

이민트^{IMINT, Image Intelligence}는 이미지와 부수적인 자료를 해석하거나 분석을 해서 나온 기술적, 지리적 인텔리전스 정보를 뜻한다.

예:

- 공중 정찰 사진
- 위성 이미지

매신트, 평가 및 분류 인텔리전스

매신트^{MASINT, Measurement And Signature Intelligence}는 고정 및 동적 대상 객체와 출처의 상세한 특징을 탐지, 위치, 추적, 식별 또는 설명하는 기술적 인텔리전스다. 이민트^{IMINT}와 시진트^{SIGINT, Signal Intelligence} 수집에서 나온 데이터를 진보적으로 처리하고 이용하는 것도 포함한다.

 매신트(MASINT)의 부연 설명은 아래 사이트에서 찾아볼 수 있다.
https://www.globalsecurity.org/

오신트, 오픈 소스 인텔리전스

오신트^{OSINT, Open Source Intelligence}는 특정 문제를 해결하고자 찾아보고, 정제하고, 식별하고, 배포해서 대상을 선정하기 위한 공개된 정보다.

예:

- 인터넷에서 찾을 수 있는 모든 것: 페이스북, 트위터, 링크드인^{LinkedIn}
- 신문, 잡지, 텔레비전, 라디오 등에서 얻은 정보
- 백서, 회의 프레젠테이션 및 공적 연구물
- 사진

시진트, 신호 인텔리전스

시진트^{SIGINT}는 통신 시스템, 레이더 및 무기 시스템과 같은 외국 타깃이 사용하는 전자 신호나 시스템에서 나온 인텔리전스다. 시진트는 자국을 위해 적의 능력, 행동, 의도를 파악하기 위한 필수 창구다.

예:

- 메시지를 가로채고 암호를 해독한다.
- 누가 이야기하고 있는지, 다른 사람이나 그룹과 얼마나 자주 이야기하는지 듣는다.

코민트, 통신 인텔리전스

코민트COMINT, Communication Intelligence는 시진트의 하위 분야로, 의도된 수신자가 아닌 외국 통신을 가로채서 나오는 기술 및 인텔리전스 정보다. 외국 대중 매체의 모니터링이나 국내 반스파이counterintelligence 수사 과정에서 얻은 커뮤니케이션을 가로채는 것은 포함하지 않는다.

예: 군용 무선 트래픽, 텔레타이프 및 팩스 신호 수신, 분석과 해독

엘린트, 전자 인텔리전스

엘린트ELINT, Electronic Intelligence는 외국 커뮤니케이션이 아닌 곳에서 나온 기술 및 위치 정보, 핵폭탄 폭발 이외의 것이나, 말이나 텍스트를 포함하지 않은 방사선에서 나오는 전자기 방사선이다.

예:

- 자기 테이프의 신호음 분석
- 무엇이 어디에서 나온 것인지 확인하고자 근원지를 분석

피신트, 외국 계측 신호 인텔리전스

피신트FISINT, Foreign Instrumentation Signal Intelligence는 기술 정보와 인텔리전스로 구성된 시진트 SIGINT, 코민트COMINT, 매신트MASINT의 하위 카테고리로, 외국 우주 항공, 표면 및 지하 시

스템의 테스트, 운영과 연관된 외국 전자파 방출 가로채기에서 나온 것이다.

예:

- 기계 대 기계 언어 분석
- 원격 키 없는 시스템, 무선 초인종, 무선 신호등 제어 시스템과 같은 원격 접근과 제어 전송

테킨트, 기술 인텔리전스

테킨트^{TECHINT, Technical Intelligence}는 기술 탐색을 방지하고 외국의 과학과 기술 능력에 접근해 적의 기술적 이점을 중화하기 위한 대책을 개발하려는 목적으로, 외국 장비 및 물자에 관한 데이터와 정보 수집, 처리, 분석, 이용에서 나온 인텔리전스다.

예:

- X와 Y를 수행할 수 있는 새로운 항공기를 적이 보유하고 있음을 보여 주는 정찰 임무
- X의 작업 비율을 줄이고 Y의 가격 비율을 줄이는 새로운 제품을 개발하는 경쟁 업체

메딘트, 의학 인텔리전스

메딘트^{MEDINT, Medical Intelligence}는 외국의 의학, 생물 과학 및 환경 정보의 수집, 평가, 분석 및 해석에서 나온 인텔리전스 종류다. 전투 강도 보존을 위한 전략 계획과 군사 의학 계획 및 작전을 짜는 것과 군대와 민간 부문에서 외국 의료 능력에 대한 평가의 형성하는 것과 관련 있다.

예:

- 의료 시설이 어느 지역에 있으며 어떤 능력이 있는지 이해

모든 자원 인텔리전스

인텔리전스 제품, 조직, 활동에는 인텔리전스 제품, 오픈 소스 정보를 포함한 모든 정보와 인텔리전스의 모든 자원을 포함한다. 모든 자원 인텔리전스all-source intelligence는 여러 인텔리전스나 정보지에서 인텔리전스를 생산하는 데 사용되는 기능의 이름이면서 별도의 인텔리전스 분야다.

예:

- 우선순위에 따른 정보의 요구 사항에 답을 준다.
- 적 상황을 제공한다.
- 인텔리전스 요약 보고서와 다른 인텔리전스 보고서를 제공한다.
- 상황별로 이해할 수 있도록 도와준다.
- 적의 행동, 특히 적의 행동 경로를 예측할 수 있다.
- 모든 소스 대상 패키지를 제공한다.

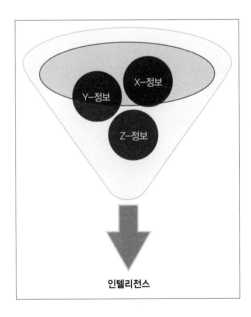

▌ 인텔리전스 운영 방법

운영은 수행하는 리더의 건전한 의사결정에 좌우된다. 많은 IT 프로젝트와 마찬가지로 몇 초 안에 아이디어가 현실이 될 수 없다. 계획을 수립하고, 이해관계자를 관리하고, 아이디어를 가진 사람들을 모으는 등의 작업이 필요하다. 하지만 그런 아이디어를 어떻게 얻을 수 있을까? 아이디어는 아무데서나 나오지 않는다.

아이디어는 사실일 수도 있고 아닐 수도 있는 데이터를 이용해 처리한 내용을 수정하거나 개선하려는 시도에서 나온다. 아기들은 걷고 기어다니는 법을 배우지 않는다. 장난감을 봤지만 얻을 수 없을 때 좌절감을 느낀 뒤 기어다니는 법을 배운다. 아기들은 사람들이 두 발로 걷는 것을 보고, 연습하고, 일어서도록 노력하며, 결국 첫걸음을 내딛는다. 다시 말해 문제가 있을 때 자신의 경험에서 나온 데이터를 이용하고, 이론을 테스트하고, 결론에 도달했기 때문에 가능한 것이다.

모든 조직은 그들이 존재하는 핵심이 되는 비전과 과제를 갖고 있다. 비즈니스 리더가 직원들에게 의도를 전달하는 것과 같은 말이다.

군대에는 특정 부대, 여단, 연대, 사단 또는 군단의 의도를 투영하는 **지휘관의 의도** commander's intent라는 개념이 있다. 지원하는 모든 부대가 하나의 통합된 목적을 수행할 수 있도록 유도해서 그들이 임무를 완수할 수 있도록 한다.

지휘관에게는 많은 책임이 있지만, 모든 데이터에 결정을 내리고 싶어하지 않는다. 특정 질문을 해결할 수 있는 특정 데이터를 기반으로 의사결정을 내린다. 지휘관을 위한 정보 수집은 **우선순위 정보 요구 사항**PIR, Priority Information Requirement이라는 용어를 기반으로 한다. PIR을 기반으로 지휘관에게 가장 중요한 정보가 무엇인지 알려 주도록 인텔리전스 수집을 운영하고, 다음 절차를 계획한다.

좋은 PIR에는 세 가지 기준이 있다.

- 한 가지 질문만 한다.
- 특정 사실, 이벤트 또는 활동에 집중한다.
- 각 결정을 뒷받침하는 데 필요한 정보를 제공한다.

군사적 예:

- 어떤 규모의 군대가 A를 방어하고 있는가?
- 적의 대대 X가 Z일 Y시간 전에 도착하는가?
- D 도로에 몇 개의 장애물이 우리의 움직임을 방해하는가?

IT/정보 보안 조직 내에서 동일한 논리를 적용할 수 있을까? 아이디어는 **핵심 성과 지표**
KPI, Key Performance Indicator에 대한 측정 항목을 수집하는 것과 같다. 목표가 있으면 우리는
이를 측정하고 분석해서 충족시키거나 누락된 것은 없는지 확인한다. 어느 쪽이든 수집
한 정보로 우리가 다음에 할 일을 결정할 것이다.

보안 도구에서 나온 특정 정보를 정의할 때 하향식 접근법^{top-down approach}을 사용하면 앞
으로 나아가기 위한 최선의 방법을 평가할 때 인텔리전스 능력을 강화할 수 있다.

인터넷 보안 운영 센터에서 많이 이용하는 다섯 가지 상업용 PIR 예제를 살펴보자. 다음
과 같은 높은 수준의 PIR에 기술 및 운영 팀은 아래와 같이 대답할 수 있다.

1. 인가된 장치와 비인가된 장치의 목록이 있는가?
   - **기술**: 인가된 장치의 전체 목록이 있는가?
     - **운영**: 이 목록을 어떻게 계속 수집할 것인가?
   - **기술**: 비인가된 장치를 식별할 수 있는가?
     - **운영**: 이런 장치는 어디에서 찾을 수 있는가?

2. 인가된 소프트웨어와 비인가된 소프트웨어의 목록이 있는가?
   ○ **기술**: 인가된 소프트웨어 목록이 있는가?
   ○ **기술**: 가장 중요한 응용 프로그램은 무엇인가?
     – **운영**: 어디에 위치해 있는가?
   ○ **기술**: 어떻게 보호하는가?
     – **운영**: 정보가 손상되지 않도록 하기 위한 보안 도구가 있는가?
   ○ **기술**: 비인가된 소프트웨어 목록이 있는가?
     – **운영**: 이런 소프트웨어가 있는 시스템은 어디에 있는가?

3. 하드웨어 및 소프트웨어에 대한 보안 설정이 있는가?
   ○ **기술**: 어떤 시스템과 소프트웨어가 안전하게 설정돼 있는가?
     – **운영**: 표준에서 벗어나는 것을 어떻게 모니터링하는가?
   ○ **기술**: 어떤 시스템과 소프트웨어가 안전하게 설정돼 있지 않은가?
     – **운영**: 시스템 및 소프트웨어의 보안 설정을 개발할 것인가?

4. 지속적으로 취약점 평가를 하고 해결할 능력을 갖추고 있는가?
   ○ **기술**: 네트워크의 모든 영역에서 취약점을 스캔할 수 있는가?
     – **운영**: 조직에 할당된 정확한 서브넷 목록이 있는가?
   ○ **기술**: 발견된 취약점을 패치할 수 있는가?
     – **운영**: 응용 프로그램/시스템 소유자에게 패치할 권한을 부여하지 않은 경우 어떻게 적용할 수 있는가?

5. 관리자 권한 사용을 관리하고 있는가?
   ○ **기술**: 권한이 있는 사용자 목록이 있는가?
     – **운영**: 그들은 누구인가?
   ○ **기술**: 권한이 있는 사용자의 액세스 수준은 무엇인가?
     – **운영**: 누가 어느 수준의 액세스 권한을 갖는가?

정보 보안 조직의 다양한 기능을 살펴보면 인텔리전스 수집 방법을 내부와 외부로 나눌 수 있다. 그리고 각 보안 팀은 높은 수준의 PIR 응답을 활용해 조직의 고위 리더에게 상황을 공유한다.

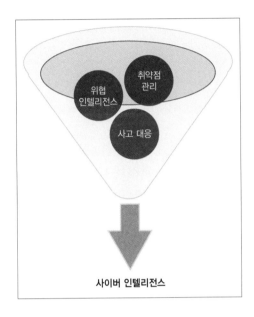

다음과 같은 방식으로 조직의 리더는 환경을 이해하고 위험 관리 프로세스를 적용하고 어디에 자원을 배치할지 결정할 수 있다.

큰 목표나 **전장**을 만들고자 여러 자원의 정보를 처리하기 어려운 것이 현실이다. 모호하고 명확하게 정의되지 않은 목표가 있을 것이라는 점도 받아들여야 한다. 이런 기능을 구축할 때 모든 단계에서 시간, 협업 및 사고 방식의 변화가 필요하다.

다음은 IT/정보 보안 운영을 도식화한 것이다.

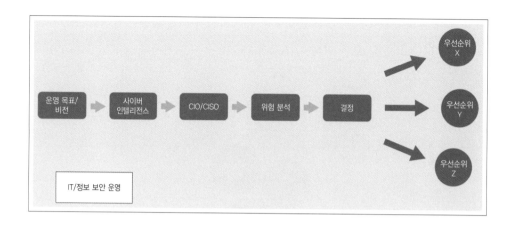

 2장에서는 인텔리전스 기능을 구축하기 위한 기반을 마련할 수 있도록 보안의 다양한 분야에서 제안하는 능력 성숙도 모델(capability maturity models)을 살펴보겠다.

이론을 실제로 적용하는 것은 간단하지 않다

레이첼Rachel은 문제를 해결하고자 CISO가 요청한 친구였다. 당시 그녀의 명령은 간단했다. 취약점을 확인하고 보고하라. 그러나 그녀는 궁금했다. 취약점을 확인하고 보고하는 것이 문제를 해결할 수 있을까? 아무것도 해결하지 못한다. 그녀는 문제를 확인했지만 해결할 수단이 없었다. 그녀는 전 세계에 뻗어 있는 거대한 네트워크에 있었기 때문에 단일 취약점을 조치하려고 사인을 받으려면 많은 의회에 변경 요청을 해야 했다.

전문가가 아닌 직원이 검토하고 승인해야 하는 패치나 운영에 영향을 미치는 것에 대한 두려움은 말할 것도 없다. 벤더나 숨겨져 있는 IT와 같이 알려지지 않은 것이나 다른 의존성들도 있기 때문에 이 문제를 간단히 해결할 수 없다. 하지만 무엇보다도 그녀의 팀은 취약점을 패치할 능력이 없다는 것이 가장 큰 문제였다. 어떤 것도 끝내기가 어려웠고 조직 문화를 변화시켜야 했다. 업데이트해야 할 정책과 절차가 있었다. 보안에 우선순위를 결정하는 데 여러 문제가 있었다. 조직 변화, 인사 이동, 퇴직, 새로운 사람들, 더 많은 의존적인 것들이 있었다.

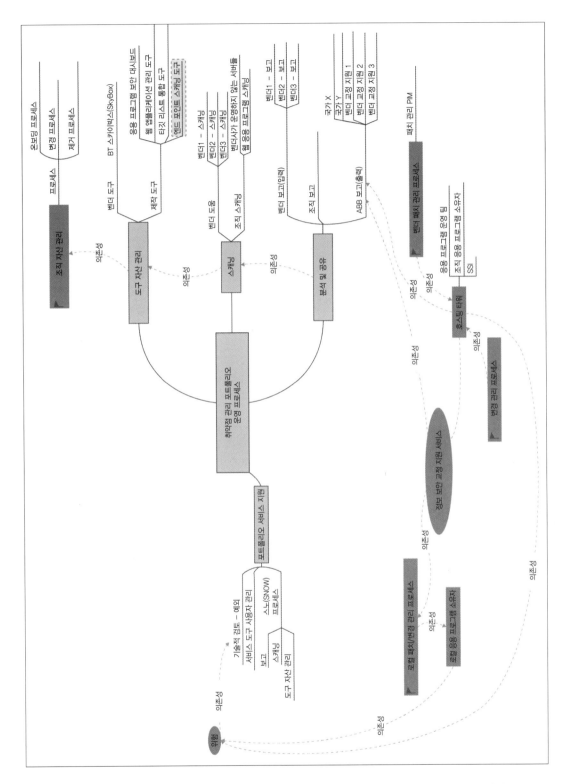

어쩌면 여러 서비스를 모으면 위의 마인드 맵과 같을 수 있다. 조직에서 IT 운영과 IT 보안 운영은 복잡한 짐승과 같다. 그러나 운영은 크게 보면 작은 문제다.

진짜 문제는 조직의 작은 한 부서가 전체 조직을 안전하게 유지할 수 있는지다. 그녀의 작은 팀은 조직을 안전하게 지키지 못했다. 실제 그녀의 팀은 글로벌 위험 대시보드에 표현되는 위험 측정 항목에 알려진 취약점을 강조하고 데이터를 반영하는 팀이었다. 대시보드는 다른 보안 팀이 차지하는 조각들로 빨간색red, 주황색amber, 녹색green으로 표현된다. 빨간색이 많다는 것은 공격을 많이 받았다는 뜻이다. 녹색이 많다는 것은 공격을 받지 않았다는 뜻이다. 익숙한 말인가?

녹색이 많을 수록 덜 위험하다는 것을 의미하는가? 빨간색이 많다는 것이 정말로 위험하다는 것을 뜻하는가?

데이터는 완전하지 않다. 주의가 필요한 특정 영역이 있다는 것을 알려 줄 순 있겠지만, 서비스 관리자로서 가장 관심을 기울일 필요가 있다는 것을 말해 주진 않는다. 이 이야기는 나중에 다시 하겠다.

이 모든 데이터를 관리해야 하는 CISO나 보안 전문가가 어떨지 짐작 가지 않는다. 마치 배에 난 모든 구멍을 알고 있지만 어디를 먼저 막을지 모르고, 아마도 코르크를 5~6개 정도만 갖고 있기 때문에 문제를 다 해결하려면 코르크가 추가로 필요하다고만 생각하는 것과 같다. 잠깐! 1~2개의 코르크는 썼다면, 어떤 구멍을 먼저 막아야 하는지는 끝나지 않는 문제다. 이런 문제도 있다. 어떤 악어가 보트에 가장 가까이 있는가? 지금 뛰어들어야 할 불 붙은 곳은 어디인가?

조직을 성이라고 생각해 보자. 우리는 성벽을 관리하고 문제를 끊임없이 주시해야 한다. 하지만 성이 단절돼 있다면? 성이 얼마나 큰지, 잘 방어되고 있는지는 중요하지 않다. 항상 사각지대는 있기 때문이다. 당신의 보안 사각지대는 어디인가?

그렇다면 자산과 직원이 많은 회사를 공격자로부터 어떻게 감출 수 있을까? 진보된 보안 기술을 보려고 콘퍼런스에 가보니 사이버 기만cyber deception을 위한 도구가 있었다. 인공지능과 머신러닝을 사용하는 도구가 있다. 휴리스틱 분석 및 이중 인증이 있다. 차세대 백신! 더 깊이 방어하라! 최적의 사례, 자격증들과 부트 캠프가 있다. 이렇게 우리는 최고의 장비와 훈련을 받은 인력으로 성을 관리하고 있지만, 여전히 주요 기관이 해킹 당하는 것을 보곤 한다. 제이피 모건JP Morgan과 던 앤드 브래드스트리트Dun & Bradstreet, 이들은 규제의 준수 여부는 다를 수 있지만 안전하지 않았다. 우리는 규제 준수compliance가 보안이 아니라는 것을 알고 있다. 프레임워크, 규제 준수, 표준, 벤치마크 등은 모두 프로그램을 개발할 때 기초적인 참고 자료일 뿐이고, 이런 것만 신경 쓰면 안 된다. 수준을 올리고, 생각하고 운영하는 방식을 바꿔야 한다.

데브섹옵스DevSecOps2, 민첩성agility, 시너지 또는 협업이 우리가 더 생각해 봐야 할 항목이다. 팀은 다음 행동을 예상할 수 있도록 공격자만큼 유연하고 적응력이 있어야 한다. 조직을 보호하는 방법을 가이드하려면 우리가 받아서 이용하는 모든 인텔리전스를 적용해야 한다.

▎ 기동전의 정신적 사고 이해

영화를 보면 기동전maneuver warfare을 이해할 수 있다. 병사들이 서로를 향해 줄 지어 서서, 명령을 외치고, 나팔을 울리고, 갑옷이 반짝이며, 공중에 깃발이 휘날리는 장면을 본 적 있을 것이다. 이런 장면이 기동전이다. 그리고 소모전attrition warfare이 있다. 소모전에서 승리하려면 소모품과 인력 같은 자원을 끊임없이 줄임으로써 상대방을 물리친다. 대개 승리자는 더 많은 자원을 가진 사람이다. 이런 방식은 누군가 규칙에 없거나 예상하지 못한 다른 일을 하기 전까지 당연한 것이었다. 하지만 장교들은 전투가 시작됨과 동시에 다른 문제를 만들었다. 제복을 입지 않는 방식으로 상대 세력을 교란했다. 군부

---

2 데브옵스(DevOps)는 소프트웨어의 개발(Development)과 운영(Operations)의 합성어로, 소프트웨어 개발자와 정보기술 전문가 간의 소통, 협업 및 통합을 강조하는 개발 환경이나 문화를 말한다. 데브섹옵스(DevSecOps)는 여기에 보안(Security)이 추가된 것이다. - 옮긴이

조직은 전투에서 생존하고자 재빨리 전술을 변경해야 했다. 그들은 전통적인 규칙을 따르지 않는 공격자를 방어해야 했다.

프로세스를 따르라. 프로세스가 너를 지켜 줄 것이다

필자는 다음과 같은 군사 훈련을 경험했다. 훈련관이 모두를 방에 세우고, 오른손을 들어 올리며, 기본 동작wax-on, wax-off3을 익히게 하고, "프로세스를 따르라, 프로세스가 너를 지켜줄 것이다follow the process, the process will save you"라고 반복하며 외치는 것 같은 훈련 말이다. 우리는 틀 안에 있고 규칙에서 벗어나지 말아야 한다는 뜻이다. 그리고 이미 이런 프로세스의 효과가 입증됐기 때문에 그 과정에 의문을 갖지 말아야 한다는 것이다. 이런 프로세스를 너무 좋아해서 숨처럼 쉬는 사람들이 있다. 이런 프로세스는 그들의 원칙이다. 이 그룹의 사람들은 함께 결속돼 이런 과정의 프로세스를 완벽하게 해낸다. 프로세스는 언제 어디서 무엇을 할 것인지, 누가 언제 무엇을 할 것인지에 대한 순서를 제공하기 때문에 운영에 필수다. 방법은 간단하다. 선만 잘 지키면 된다.

하지만 오늘은 어제와 다르다. 프로세스는 몇 년 동안 머물러 있었다. 프로세스는 도로의 차선처럼 강화해야 하고, 다시 작업해야 하며 개선해야 한다. 모든 조직의 IT 운영 방식은 다르다. 전쟁을 IT 분야에 접목해 보면 기동전은 악의적인 행위자가 네트워크에 침투하고자 사용하는 기법을 설명하기에 알맞다. 그리고 소모전에서 방어한다고 생각하면 된다. 서브넷 감추기, 네트워크 세분화 및 샌드박싱처럼 우리는 공격 가능성을 줄이고자 각기 다른 수준에서 공격자로부터 보호하고 있어야 한다. 하지만 이제 우리는 전략을 바꿔야 한다. 공격자들은 주요 자산 정보에 대해 작전을 세우고 있고, 이에 접근하고자 다른 공격 벡터나 접근 방식을 찾고 있기 때문이다.

IT에서 보안 조직의 실패는 정보 유출이나 비즈니스 능력의 심각한 손실을 뜻한다.

---

3 wax-on, wax-off: 무술을 가르치는 곳에서 실제 기술을 알려 주기 전에 허드렛일을 시키는 것을 의미한다. – 옮긴이

문제를 해결하고자 민첩하게, 주도권을 갖고, 신뢰기반으로 협업해야 하는 조직에서는 프로세스를 어떻게 구축할까? 조직의 보안 프로그램에서 유연하고 지속적으로 우리의 강점과 약점을 관찰할 수 있는 전략이 필요하다. 신속하게 변화에 적용할 수 있어야 하며, 전략적 관심 영역에서 심각한 취약점이 악용될 가능성이 있다는 것을 예상할 수 있어야 한다. 보안을 향상시킬 수 있는 기회를 개발하는 데 주도적인 역할을 할 지원과 권한을 가져야 한다.

프로세스를 계속 따르면 공격으로부터 우리를 보호할 수 있을까?

기동전이란 무엇인가?

프로이센 장군이자 군사 이론가인 카를 폰 클라우제비츠Carl Von Clausewitz는 그의 저서 『전쟁론Vom Kriege』에서 기동전을 소개했다. 그는 전투 베테랑이었고, 특히 전쟁의 예술과 과학, 특히 프로이센의 제2대 왕인 프리드리히 대왕과 나폴레옹이 싸운 전투를 연구하는 데 관심이 많았다. 이 두 사람은 소규모 군대로 작전을 통해 성공적인 전투를 수행했다.

기동전은 더 이상 싸울 수 없을 때까지 단순히 적의 군대에 접촉하고 파괴함으로써 보다 효과적으로 상대를 패배시킬 수 있는 전략적 행동이라고 여겨진다.

기동전의 여섯 가지 주요 요소가 있는데 각 요소에 대한 설명은 다음과 같다.

템포

템포tempo는 동작이나 활동, 걸음의 속도다.

KPI는 비즈니스 목표를 얼마나 잘 달성하고 있는지를 측정할 수 있는 측정 가능한 값이다.

다음은 활동이나 템포를 측정하는 방법을 이해하는 데 사용할 수 있는 ITILInformation Technology Infrastructure Library KPI 서비스 운영의 몇 가지 예다.

- **평균 해결 시간**: 사건의 시작과 해결까지의 평균 시간
- **평균 탐지 시간**: 사건을 탐지하는 데 걸리는 평균 시간
- **사건 해결 노력**: 사건을 해결하는 데 평균적으로 필요한 노력

확신할 수 있는 KPI 값을 이용해 조직 내 프로세스를 지속적으로 개선해야 한다. 제로데이 공격, 진보된 지속적인 위협, 새로운 랜섬웨어 공격같이 보안 전문가에게는 불확실성이 끊임없이 생긴다. 이런 문제는 의사결정 과정을 방해할 수 있으며, 상황을 훨씬 더 어렵게 만든다. 어떤 사람은 모든 정보를 받지 못한 상황에서 알리기 두려워 한다. 그리고 어떤 사람은 "분석하기 전까지 모름paralysis by analysis"이라고 한다. 불확실성을 어떻게 관리할까?

인텔리전스 운영에서 불확실성이란 다음과 같다.

> "불확실성이 전쟁터에 퍼져 있는가? 불확실성은 전쟁의 근본적인 속성이다. 먼저 인텔리전스는 적대적인 상황에 대한 불확실성을 줄임으로써 지휘관의 의사결정 과정을 지원해야 한다. 인텔리전스는 이런 목표를 달성하려면 다음 작업을 수행해야 한다."

- 기존 환경과 능력을 식별하고 평가한다.
- 기존 환경과 능력을 기반으로 가능한 적의 행동을 추측하고 향후 가능한 조치에 대한 통찰력을 제공한다.
- 위협이 될 심각한 취약점을 잘 확인하도록 지원한다.
- 취약점을 잘 조치할 수 있도록 개발하고 평가하는 데 보조한다.

군 장교는 불완전한 데이터에 대한 결정을 내리도록 훈련을 받는다. 위기 상황이나 위기 상황에 처했을 때 결정 내릴 준비를 한다. 인식의 의사결정recognitional decision-making이라고 한다. 이 의사결정 방법은 템포와 적에 대한 주도권을 유지하는 능력을 향상시킬 수 있다. 그러나 위기 발생 이전에 도덕적 용기 및 다른 경험 많은 인력의 도움 없이 빠른 계획의 위험을 감수하는 리더에 대한 연구를 많이 해야 한다.

OODA 의사결정 모델

인식의 의사결정은 OODA 의사결정 모델이라고도 알려진 보이드의 사이클^{Boyd's cycle}을 이용한다.

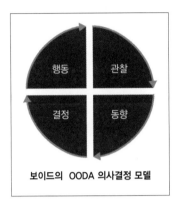

보이드의 OODA 의사결정 모델

- **관찰**
  - 자신, 환경, 적의 상황을 인식하라. 그리고 그 변수들을 둘러싼 변화를 주목하라.
  - 보안 관점에서 네트워크를 스캔하고 적극적으로 취약점을 찾고, 공격 대상을 추적하며, 공격 대상이 수행 중이거나 수행할 것을 지켜보는 공격자들이 사용하는 도구를 고려해야 한다. 이와 관련해 방어자는 미래의 움직임을 예상하고 공격자의 마음에 들어갈 수 있다.

- **동향**
  - 관찰 후에 상황을 심적으로 이해하고 인식하게 된다.
  - 이를 통해 상황에 영향을 미치고자 결정이 필요하다는 것을 인식한다.
  - 환경의 변화를 진단하고 인식하고 분석한다.

- **결정**
  - 의사결정이 필요하다는 인식 후에 행동 방침이 결정된다.
  - 이 경우 결단력이 필요하고 종종 수용 가능한 위험도를 갖고 한다.
  - 효과적이고 충분한 대화가 핵심이다.

- **행동**
    - 시기적절하고 전술적으로 건전한 결정은 쓸모가 없다.
    - 상황을 효과적으로 좌우하고자 지도자는 시간 경쟁 환경에서 의사결정을 행동으로 전환해야 한다.

모든 조직에는 OODA 의사결정 모델이 있다. 모든 공격자들은 OODA 의사결정 모델을 갖고 있다.

 TIP 가장 큰 장점을 가진 사람은 의사결정 모델에서 가장 빨리 전환할 수 있는 사람이다.

이 의사결정 모델은 조직에서 아래와 같은 수행을 결정할 때 사용할 수 있다.

- 문제가 무엇인가?
- 조직이 문제를 관찰할 수 있는가?
- 우리 팀이 문제를 해결할 수 있는 방향으로 나아갈 수 있는가?
- 전화를 걸어야 하는 사람은 누구인가?
- 얼마나 신속하고 효율적으로 문제를 해결할 수 있는가?

의사결정은 의사소통에서 간단한 과정이 아니다. 서로 상호작용하는 많은 구성 요소가 있기 때문에 다른 이해관계자에게 영향을 미치지 않으면서 주제에 대한 합의를 도출하는 것은 어렵다. 비즈니스가 전장이라면 보안 리더는 시간과 노력을 어디에 투입해야 하는지에 대한 불확실성이 있다. 기동전의 개념을 이용해 이런 원리가 우리 상황에 어떻게 적용되는지 알아보겠다.

조직의 핵심 자산과 심각한 취약점

중력의 중심^center of gravity이라는 개념은 각 조직에는 힘의 중심이 있다는 것이다. 소유하고 있는 것일 수 있고, 활용하고 있는 특정 기능일 수 있다. 힘의 중심을 더 크게 만드는 두 가지 또는 그 이상의 요소들의 관계일 수 있다. 우리 힘의 중심을 이용하고 공격자의 힘의 중심을 제거해야 한다. 기동전은 실무진이 상대방의 핵심 자산이 무엇인지 식별하고 이해하도록 요구하는 것이다. 그 핵심을 직접 제거하려고 시도해서는 안 되지만 공격자의 핵심 자산에 악영향을 미칠 수 있도록 상대의 약점에 힘을 쓰도록 해야 한다.

적의 가장 약한 곳은 어디인가? 측면 돌파는 어디로 할 수 있는가? 적의 운영을 가장 혼란스럽게 할 수 있는 곳은 어디인가? 적들의 핵심은 그들이 원하는 대로 전투 공간을 돌아다니며 그들이 원하는 것을 찾을 때까지 공격하는 것이다. 윤리, 법률, 규정은 우리가 상대방을 역으로 공격하지 못하게 하므로 다음과 같은 방식으로 네트워크를 방어해야 한다.

- IT 조직에서 수립한 기능을 확인함으로써 알려진 능력 성숙도 모델에 대한 격차 분석을 수행할 수 있다. 따라서 각 기능에 대한 심각한 취약점과 우리의 핵심 자산을 파악할 수 있다.
- 현재 역량을 파악하고 부족한 역량을 파악함으로써 운영을 지원하는 능력을 개선하는 전략과 팀을 만드는 최적의 방법을 개발하기 시작한다.
- 그들의 업무가 현재 운영과 어떻게 통합되는지 이해할 수 있는 방법을 모색하기 시작하면서 능동적으로 방어할 수 있는 가능성이 열린다.

기회 창출 및 공격

의사결정을 개선하고 강점과 약점을 이해하는 것 외에도 예기치 못한 상황에 적응할 수 있어야 한다. 자동차 경주를 상상해 보자. 개별 차량이 트랙 주위를 돌아다니며, 위치를 결정하려고 경주하고, 경주에서 이기려고 한다. 한 바퀴 돌 때마다 다른 차량 사이에 틈이 보이면 차가 지나갈 수 있다. 그리고 충돌이 생기는 경우 빠져나갈 수도 있다. 이 모든 것은 예측하지 못했지만 공격할 기회가 만들어진 예다.

전투(warfighting) 개념에 대한 더 많은 정보는 미 해병대에서 발표한 공개 문서를 참고하기 바란다.

https://www.marines.mil/Portals/59/Publications/MCDP%201%20Warfighting.pdf

우리 역할이 방어라면 어떻게 적을 놀라게 할 수 있을까? 우리 조직의 능력과 차이를 전체적으로 이해하는 것뿐만 아니라 적과 그들의 정보, 의도를 조합해 보면 우리의 가장 탐나는 정보에 위협이 될 만한 요소를 파악할 수 있다. 최소한의 방어 방법을 예측할 수 있다면 아키텍처, 프로세스 또는 절차에서 알려진 취약점을 강화할 수 있는 전술적 이점을 가질 수도 있다.

공격 도구의 조합과 협업

무장 세력은 단 하나의 거대한 군대로 구성되지 않는다. 각 공격 그룹이 있다. 육군은 육지에서의 전투를 강조하고, 해군은 바다에 초점을 맞추고, 공군은 공중 공간의 주인이며, 해병은 수륙양용[4]이다. 이들 조직은 모두 중요하며 군사 작전의 성공을 보장하려면 그들의 역량을 결합해야 한다. 수행하기 전에 각 조직의 지도자는 임무 목표를 완수하고자 도구를 최대한 활용할 수 있도록 함께 계획한다.

협업과 시너지는 비즈니스 세계에서 우리가 들었던 용어로 비즈니스 목표를 달성하고자 다른 그룹이나 조직과 협력하는 것을 나타낸다. 대규모 조직에서는 IT의 복잡성과 팀의 원격 관리로 인해 사일로silo[5]가 형성되고 의사소통이 어려워질 수 있다. 사일로를 무너뜨리고 적절한 커뮤니케이션 채널을 구축하면 사건, 문제, 해결책을 더 빨리 처리할 수 있다.

---

4 수륙양용은 물 위에서나 땅 위에서 두루 쓸 수 있는 것을 뜻한다. – 옮긴이

5 사일로 효과(organizational silo effect)란 조직 부서들이 서로 다른 부서와 담을 쌓고 내부 이익만을 추구하는 현상을 일컫는 말이다. – 옮긴이

유연성

협업은 기업 간의 원활한 의사소통을 보장하기 위한 시도이며, 군사 조직은 전술을 변경하는 공격자에게 대응할 수 있도록 유연성을 유지해야 한다. 유연성은 조직 내 기능의 강점과 약점을 이해하고 다양한 시나리오를 다루는 교육을 통해 이루어진다. 프로세스, 인력, 기술에서 실패를 줄이고자 중복으로 드는 리소스를 방지하기 위한 것이다.

분산된 명령

분산된 명령이란 지휘관의 의도를 수행하도록 부하에게 권한을 위임하는 것이다. 적절한 지침 내에서 지도자들에게 할당된 임무의 계획, 훈련 및 집행에 주도권을 행사할 수 있게 해준다. 리더가 독립적으로 행동하도록 훈련하면서 운영 및 전술적 유연성을 허용한다.

▌ 요약

1장에서 인텔리전스는 다양한 하위 분류가 있는 기능과 분야라는 것을 배웠다. 개념을 이해하다 보면 정보 보안 조직에서 리더에게 실용적인 데이터를 제공하고자 다양한 분야의 정보를 수집하는 방법에 대한 추상적인 시각을 얻을 수 있다. 정보를 수집하는 것은 빙산의 일각에 불과하다. 조직과 기술이 점점 복잡해지기 때문에 여러 소스의 데이터를 수집하고 집계할 수 있는 프로세스와 기능을 구축하고, 이를 팀 리더에게 제공해서 행동할 수 있도록 해야 한다. 정보 보안 분야에서 기동전의 높은 수준의 체계를 살펴보고 그 적용 방안을 검토했다. 기동은 지휘관에게 올바른 정보를 제공해서 다음 단계를 결정하도록 하는 것이다. 기동전을 이해하면 불확실한 세계에서 어떻게 운영할 수 있는지에 대한 또 다른 시각을 갖게 된다. 수집하고, 분석하고 전파할 능력이 없다면 이 모든 것은 아무 의미가 없다.

2장에서는 인텔리전스 사이클과 각 단계를 이야기하면서 조직에서 인텔리전스 기능을 제공할 수 있는 프레임워크 기초를 개발할 것이다.

02

인텔리전스 개발

2장에서는 인텔리전스 기능을 지원하려면 무엇이 필요한지 살펴본다. 또한 조직의 인텔리전스 프로세스 단계를 이해하기 위한 기반을 마련한다. 각 프로세스 단계를 거치면서 인텔리전스 제품에 사용할 수 있도록 데이터를 통합하고, 구조화하고 적용할 수 있는 프레임워크를 제공한다.

 드라마 〈왕좌의 게임(Game of Thrones)〉에서 베리스 경(Lord Varys)이 그와 주위 사람들에게서 중요한 정보들을 얻는 과정을 통해 인텔리전스 기능을 알 수 있다. 그는 드라마에서 지휘관은 아니지만, 조직의 인텔리전스를 이끄는 대표적인 인물이다. 그가 정보를 얻는 방법은 전체 과정 중 수집하는 단계에 해당하며, 획득한 데이터를 처리하고 대화하는 방법, 누구와 그리고 언제 다른 프로세스가 진행되는지를 2장에서 살펴볼 것이다.

▌ 정보의 계층 구조

실용적인 인텔리전스는 데이터 분류를 시작하면서 얻을 수 있다. 이 데이터는 지휘관이 의사결정에 필요한 항목과 관련된 지침에 따라 수집된다. 정보[information]는 데이터[data]에서 실용적인 인텔리전스[intelligence]로 어떻게 변환되는가?

이에 대한 답은 DIKW 피라미드로 알려진 **데이터**[Data], **정보**[Information], **지식**[Knowledge], **지혜**[Wisdom] 피라미드 활용에서 찾을 수 있다.

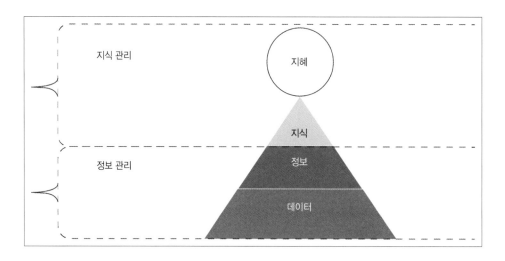

이 피라미드는 데이터가 어떻게 지혜로 변환되는지 그림으로 표현한 것이다.

- **데이터**[Data]와 **정보**[Information] 단계는 우선순위 정보 요구 사항(PIR)에 따라 데이터를 수집할 필요가 있기 때문에 **정보 관리**[Information Management] 부분에 있다.
- 이 데이터는 정보를 얻고자 불필요한 부분을 필터링할 수 있도록 관리해야 한다.
- 모든 정보가 분석되면 분석 정보는 **지식 관리**[Knowledge Management] 부분으로 이동되고 유지관리된다.
- 수집된 모든 정보에서 개발된 인텔리전스는 지휘관의 의사결정을 지원한다.

이 요소는 정보 보안 조직에서 어떻게 보일까?

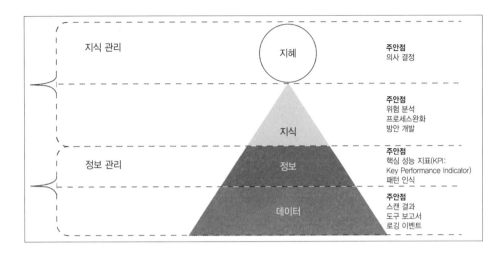

- **데이터**Data 단계에서 우리는 우리 환경에서 구축한 보안 도구로부터 정보를 수집해 시작한다.
- **정보**Information 단계에서는 PIR에 따라서 정보를 필터링한다. 예를 들어, 핵심성능지표(KPI) 또는 인공지능AI, Artificial Intelligence이나 기계학습 도구의 패턴 인식이 있다.
- 정보가 필터링되면 위험 분석 프로세스를 통해 정보를 이동시키고, 대응 방안에 가중치를 부여한다.
- 의사결정에 필요한 정보를 이해관계자에게 제공할 수 있다.

▌ 인텔리전스 과정

1장에서 기동전maneuver warfare의 개념과 인텔리전스가 임무수행을 위한 작전에 어떻게 활용되는지 간략히 살펴봤다. 인텔리전스 기능을 갖추려면 원시 정보를 획득하고, 의사결정 및 조치에 사용할 수 있는 제품을 만들기 위한 프로세스를 개발해야 한다. 인텔리전스 과정은 6단계 프로세스로서 다수의 정부 인텔리전스 기관과 군에서 사용돼 왔다.

인텔리전스 단계

인텔리전스 과정은 6단계로 구성된다.

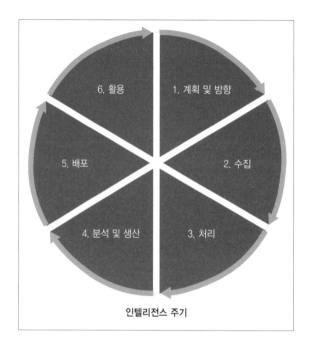

인텔리전스 주기

인텔리전스 과정의 각 단계는 3장에서 자세히 설명한다.

1단계 – 계획 및 방향

계획 및 방향 Planning and Direction 단계는 정보 요구 사항을 식별하는 모든 활동과 그 요구 사항을 확실하게 충족시킬 수 있는 수단으로 구성된다. 이 단계에서는 철저하게 인텔리전스 작업을 관리한다. 이 정보 요구 사항에 우선순위를 부여하고, 수집 계획을 준비하며 (다양한 보안 팀과 운영 팀과 같은) 수집 가능한 곳에서 작업이 수행된다.

임원 리더십은 인텔리전스 활동을 지시하고, 인텔리전스 프로그램 관리자는 취지, PIR의 우선순위와 계획 과정에서 언급된 모든 지침에 따라 작업을 관리한다.

요구 사항 개발

인텔리전스 활동을 지원하는 모든 사람은 조직의 **정보 요구 사항**IR, Information Requirement 개발에 중요한 역할을 한다. 인텔리전스 프로그램 관리자는 고위 지도자의 원래 취지에 따라 초기 요구 사항 작성의 책임이 있다. 이 지침에 따라 다른 팀들은 각 팀의 정보 요구 사항IR을 인텔리전스 프로그램 관리자에게 마스터 목록으로 제공해 기록하고, 잠재적인 의사결정 또는 조치와 연결한다. 시간이 지나고 새로운 정보의 관련성이 있거나 또는 없는 것으로 밝혀지면 정보 요구 사항은 변경된다. 인텔리전스 프로그램 관리자는 이 통합 목록에서 정보 요구 사항을 지속적으로 정제하고 조정한다.

요구 사항 관리

1장 사이버 인텔리전스의 필요성에서 우선순위 정보 요구 사항PIR, Priority Information Requirement을 살펴봤다. 상황의 변화에 따라 정보 요구 사항IR을 관리하고, 우선순위를 정할 수 있는 시스템을 갖춰야 한다. 인텔리전스 프로그램 관리자는 다양한 정보 요구 사항 소스로부터 정보를 마스터 목록에 수집하고, 우선순위 부여를 위해 고위 지도자의 정보 요구 사항을 지속적으로 모니터링하는 시스템을 갖춰야 한다.

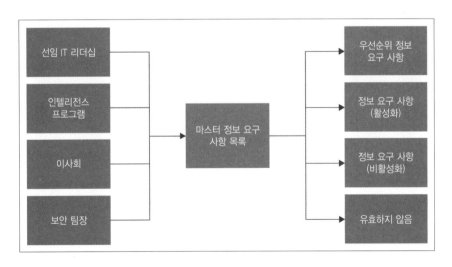

인텔리전스 작업의 방향성

인텔리전스의 방향성은 정보 요구 사항 개발 및 정보 요구 사항 관리 제품을 사용하고, 수집 관리, 생산 관리, 배포 관리 기능들과 통합한다. 이런 모든 활동은 PIR를 충족하는 정보를 확보하기 위한 노력에 초점이 명확하게 맞춰져야 한다.

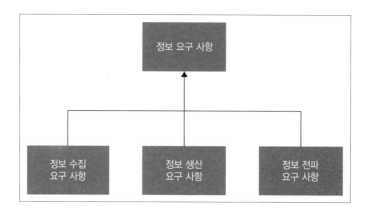

이런 작업은 DIKW 피라미드에서 어떻게 동작하는가?

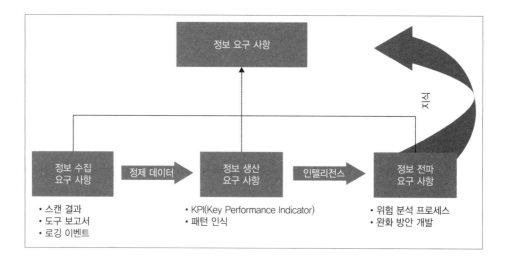

원시 데이터가 다양한 도구들 모음(데이터)에서 수집되고 있기 때문에 데이터를 활용 가능한 정보로 정제 작업을 시작해야 한다. 활용 가능한 지식(또는 인텔리전스)은 KPI에 관한 **정보**를 수집하거나 설정 기준선에 따른 패턴이나 행위를 이해하는 데 사용할 수 있다. 인텔리전스는 조치를 취할 수 있는 정보이기 때문에 이런 **지식**은 의사결정자가 상황을 인지하고 앞으로 나아갈 방향으로서 방안을 개발할 수 있는 **지혜**를 제공한다.

요구 사항 충족

요구 사항은 수집 관리, 생산 관리, 배포 관리를 처리하는 동안 충족된다. 다음은 일반적인 개요로 2장의 다음 절에서 이러한 프로세스를 따라 설명한다.

- **수집 관리**
  - 수집 자원에 업무가 부여되고 효과적으로 사용되도록 함
  - 수집 작업을 모니터링함
  - IR을 수집 요구 사항으로 변환하고 우선순위를 부여함
  - 수집 대상 또는 기관의 지원을 조정함
  - 수집된 데이터를 병합하고 분석을 위해 데이터를 준비함
- **생산 관리**
  - 수집 관리 과정에서 얻은 정보의 분석 내용을 관리하고 구성함
  - 데이터를 받아서 정보 제품으로 변환함
  - 정보 제품
    - 범위가 정의돼 있으며, 내용 및 형식이 있음
    - 우선순위가 할당되고, 각 제품마다 계획/일정이 수립됨
  - 정보 제품을 배포하기 위해 준비함
- **배포 관리**
  - 올바른 형식을 갖는 올바른 정보가 적시에 적절한 사람에게 전달되도록 보장

- 배포 우선순위를 수립함
- 제품의 배포 방법
- 조직 전체에 걸쳐 정보의 흐름을 모니터링함

인텔리전스 지원 시스템 계획

요구 사항 충족을 위해서는 인텔리전스 운영을 위해 지원 구조를 구축하기 위한 종합적인 분석이 완료돼야 한다. 사이버 인텔리전스 프로그램 관리자는 다음 사항을 고려한다.

- 특정 IR에 대한 다양한 팀의 인텔리전스 출처 조직도
- 조직의 모든 단계 리더와 관계 관리
- 공급업체 관리
- 업무 조직 관련 요구 사항
- 정보 시스템 요구 사항
- 다음과 같은 다양한 인텔리전스 자산과 공조
  - 부문 정보 공유 및 분석 센터(ISAC)
    - 방위 산업 기지 ISAC(http://www.dibisac.net/)
    - 전기 ISAC(http://www.eisac.com/)
    - 해상 ISAC(http://www.maritimesecurity.org/)
    - 소매 사이버 인텔리전스 공유 센터(http://www.risc.org/)
  - 공공–민간 사이버 보안 정보 교환 회원사
    - (미)연방수사국–InfraGuard(https://www.infragard.org/)
    - 미국 국토안보부–사이버 정보 공유 및 공동 작업 프로그램 (https://www.dhs.gov/ciscp)

- 유럽 금융기관-정보 공유 및 분석 센터(https://www.enisa.
  europa.eu/topics/cross-cooperation-for-csirts/finance/european-
  fi-isac-a-public-private-partnership)

2단계 - 수집

수집 단계는 처리 단계와 생산 단계에 전달되는 정보를 수집하고 준비한다. 수집 관리
는 다양한 출처 또는 기관에서 제공한 정보를 관리한다. 다양한 팀이 IR의 각 부분을 수
집할 수 있도록 함으로써 정보의 중복이 높아진다. 원시 정보는 잠재적인 평가를 확인
하거나 반증하기 위해 사용하며, 또한 각 팀 간의 의사소통 기회를 제공한다. 일단 정보
가 수집되면 조정되고 처리 및 생산 단계로 전달된다.

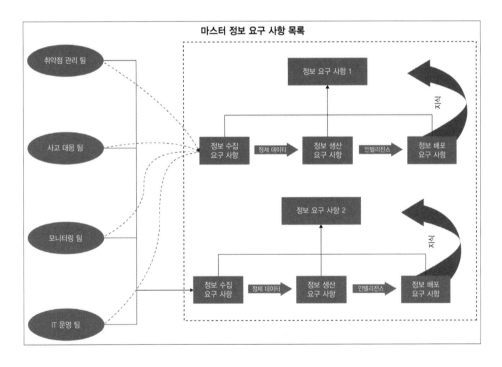

3단계 – 처리

수집한 모든 정보는 특정 조직과 관련된 형식이어야 한다. 처리 단계에서 정보가 처리되고, 서로 연관된 항목으로 매핑돼 4단계인 분석 및 생산에 입력된다.

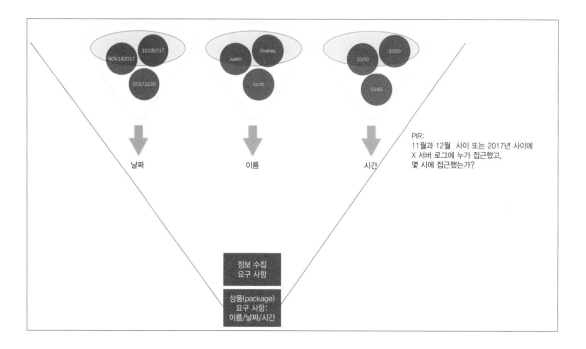

4단계 – 분석 및 생산

네 번째 분석 및 생산 단계는 원시 데이터와 정보를 분석, 평가, 해석해 알고 있거나 또는 예상되는 목적과 응용 프로그램에 대해 완성된 인텔리전스 제품으로 통합하는 과정이다. 제품은 이해관계자의 요구에 초점을 맞추고 있기 때문에 완전하고 적시에 제공되며, 정확하다. 분석이 완료된 후에 초기 수집 활동이나 다른 출처에 없는 일부 정보들을 채우기 위해 추가적인 수집 작업이 필요하다고 판단할 수도 있다. 분석의 취지는 이 제품이 가용한 정보에서 결론을 도출할 수 있는 주제 분야에 대한 개요 정보를 이해 관계자에게 제공하는 것이다.

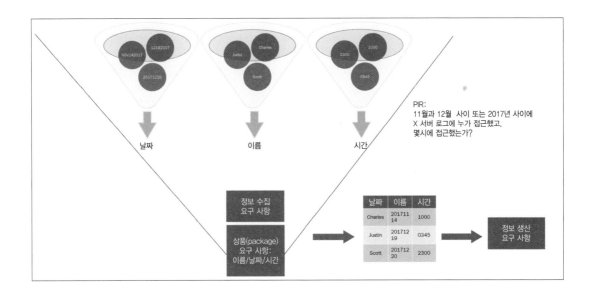

5단계 - 배포

인텔리전스 과정의 마지막 단계는 배포다. 인텔리전스 배포의 목적은 주위 환경/문제/처리 과정/위협의 정확한 전체 그림을 지도층에게 빠르고 이해하기 쉽게 설명하는 것이다.

방법

대시보드, 구두 보고, 서면 보고, 프레젠테이션 슬라이드, 이미지 등 다양한 형식이 있다. 배포 시스템은 공급 주도supply-push와 디맨드 풀demand-pull 방법으로 인텔리전스를 제공한다. 두 방법 모두 장단점이 있으며, 배포 시스템은 두 가지 방법의 균형을 가져야한다. 공급 주도 방법은 정보가 이미 적합한 곳에 있기 때문에 사용자는 정보를 요구할 필요가 없다. 반면에 이 정보는 데이터 덤프data dump가 아닌 필요한 용도에 맞게 조정돼야 한다. 예를 들어, 임의의 기간 동안 로그인 시도 실패 건수를 조사한다면 추가적인 필터링이 필요 없다. 디맨드 풀은 쿼리를 기반으로 필요에 따라 동작한다. 인텔리전스는 요청 시에만 제공하기 때문에 정보를 가져야 하는 인력이 과잉되는 것을 줄여 주며, 또한 정보를 수신하는 데 걸리는 시간을 단축한다.

채널

알 필요성의 원칙need-to-know은 보안에서 듣는 일반적인 문구다. 인텔리전스를 배포하고 이동할 수 있는 채널을 만들어 알 필요성의 원칙을 수립해야 한다.

채널에는 표준standard, 경보alarm의 두 종류가 있다.

표준 채널은 표준화된 보고서, 대시보드, 회의를 통해 IR의 일상적인 인텔리전스로 사용된다.

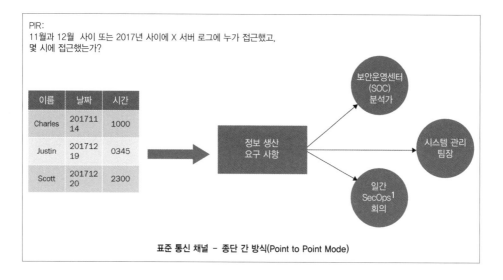

표준 통신 채널 – 종단 간 방식(Point to Point Mode)

경보 채널은 당장 인텔리전스 영향을 받는 팀에 전달되는 중요한 인텔리전스 통로로 사용된다.

---

1 SecOps(Security Operation): IT 보안 팀과 운영 팀 간의 공동 작업으로, 도구, 프로세스, 기술을 통합하여 기업의 보안을 유지하면서 위험을 줄이고 비즈니스 민첩성을 향상시키려는 공동 목표를 갖는다. – 옮긴이

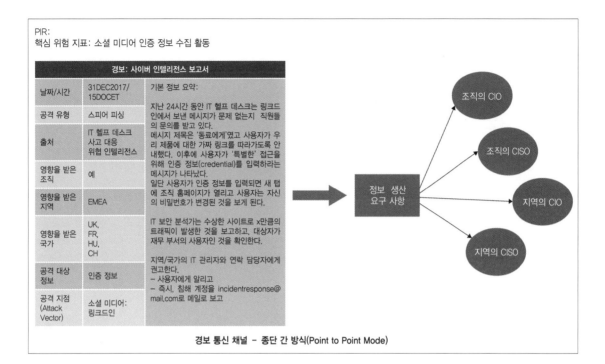

PIR:
핵심 위험 지표: 소셜 미디어 인증 정보 수집 활동

경보: 사이버 인텔리전스 보고서		
날짜/시간	31DEC2017/ 15DOCET	기본 정보 요약:
공격 유형	스피어 피싱	지난 24시간 동안 IT 헬프 데스크는 링크드인에서 보낸 메시지가 문제 없는지 직원들의 문의를 받고 있다.
출처	IT 헬프 데스크 사고 대응 위협 인텔리전스	메시지 제목은 '동료에게'였고 사용자가 우리 제품에 대한 가짜 링크를 따라가도록 안내했다. 이후에 사용자가 '특별한' 접근을 위해 인증 정보(credential)를 입력하라는 메시지가 나타났다.
영향을 받은 조직	예	일단 사용자가 인증 정보를 입력하면 새 탭에 조직 홈페이지가 열리고 사용자는 자신의 비밀번호가 변경된 것을 보게 된다.
영향을 받은 지역	EMEA	
영향을 받은 국가	UK, FR, HU, CH	IT 보안 분석가는 수상한 사이트로 x만큼의 트래픽이 발생한 것을 보고하고, 대상자가 재무 부서의 사용자인 것을 확인한다.
공격 대상 정보	인증 정보	지역/국가의 IT 관리자와 연락 담당자에게 권고한다. – 사용자에게 알리고 – 즉시, 침해 계정을 incidentresponse@mail.com로 메일로 보고
공격 지점 (Attack Vector)	소셜 미디어: 링크드인	

정보 생산 요구 사항 → 조직의 CIO, 조직의 CISO, 지역의 CIO, 지역의 CISO

경보 통신 채널 – 종단 간 방식(Point to Point Mode)

모드

다른 채널이 있다는 것 이외에도 알 필요성의 원칙으로 이해관계자에게 정보를 제공하는 데 도움이 되는 개념으로 모드가 있다. 배포에는 방송broadcast과 종단 간point-to-point으로 두 가지 모드가 있다. 방송 모드는 특정 채널에 권한을 보유하고 접근할 수 있는 모든 사용자에게 전파한다. 이 모드는 규칙 없이 전파하며 정보 과부하로 이어진다. 대조적으로 종단 간 모드는 특정 사용자 또는 특정 팀에 인텔리전스가 전송되며, 일반적으로 특정 요구 사항에 대해 응답하는 경우다. 이 모드는 방송 모드보다 느리다. 왜냐하면 이 모드는 특정 단위로 순차적으로 전달해야 하거나, 특정 팀에 맞게 수정해 생산한 인텔리전스일 수 있기 때문이다.

배포 구조

인텔리전스 프로그램 관리자는 배포 아키텍처를 제공할 수 있지만, 사이버 인텔리전스를 조직에 전달하는 팀이 있는 경우에 그 팀을 활용하는 것이 가장 좋다. 요점은 보안 인식이 초기 단계라고 생각되면 큰 규모의 조직에서는 보안 인식 팀을 활용할 수 있다는 것이다.

IT 그룹에는 내부적으로 구축된 관계를 활용하고, 또한 IT 이외의 동료들에게는 보안 인식 교육을 활용한다면 기본적인 배포 아키텍처를 갖게 된다. 중소기업(SMB)의 관점에서, IT에서 이러한 배포를 관리하는 것이 가능할 수도 있으나, 제공되는 인텔리전스에 대한 조치를 취하는 이해관계자들과 관계를 구축해야 한다.

6단계 – 활용

> "인텔리전스는 내재적 가치가 없습니다. 그것의 가치는 운영을 지원함으로써 실현됩니다."
>
> – 인텔리전스 운영, MCWP 2–1

성공의 열쇠는 인텔리전스 프로그램을 하향식^{top-down}으로 지원하는 것이며, 이해관계자와의 관계 구축을 위한 기반을 마련하는 것이다. 일단 인텔리전스 제품을 개발, 통신 채널을 통해 배포하면 인텔리전스는 모든 운영 단계에서 조치를 취하는 데 사용되도록 돼 있다.

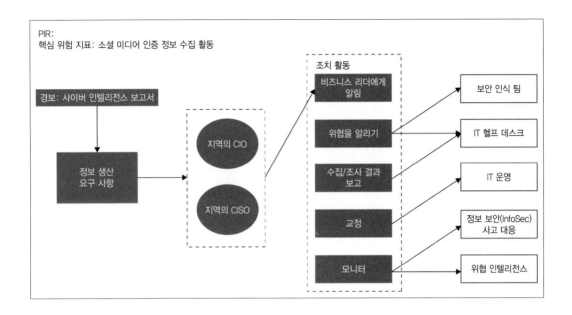

▌ 요약

정보 계층 구조에서 실용적인 인텔리전스를 생성하기 위해서는 데이터를 정보로 변환하고, 마지막에 지식으로 변환해야 함을 배웠다. 일단 지식이 있으면 알고 있는 것을 토대로 의사결정을 위한 지혜를 얻는다. 인텔리전스 과정은 인텔리전스 제품을 만들 수 있는 우선 정보 요구 사항 확보에 필요한 방법을 제공한다.

1. 계획과 방향
2. 수집
3. 처리
4. 분석과 생산
5. 배포
6. 활용

3장에서는 사이버 인텔리전스 기능을 조직에 통합하는 문제, OODA의 자세한 내용 및 운영 보안의 기본 사항을 설명한다.

03

사이버 인텔리전스,
보안, 운영의 통합

3장에서는 사이버 인텔리전스, 보안, 운영이 어떻게 서로 구분되는지 이해하는 방법을 설명한다. 이 세 가지를 통합하는 것은 도전 과제이며, IT 조직에서 사이버 인텔리전스 팀을 어떻게 운영에 통합할 수 있는지 상세히 설명할 것이다. 운영 보안^{OPSEC, Operational} ^{Security}의 개념을 소개하고, OPSEC 개념을 전략적 프레임워크로 사용하는 방법을 논의할 것이다. 그런 다음 사이버 인텔리전스 프로그램을 개발하기 위한 리더십의 수준, 인텔리전스 팀과 연계하는 방법, 전략적인 능력 성숙도 모델의 수준을 이해해 본다. 3장에서는 다음 내용을 다룬다.

- 전략적 사이버 인텔리전스 역량 개발
- 운영 보안 소개

- 비즈니스 환경에서 운영 보안
- 사이버 인텔리전스 프로그램의 역할

▌ 운영과 보안에 대한 서로 다른 견해

많은 조직은 규모, 범위, 구성, 문화가 서로 다르기 때문에 사이버 인텔리전스 능력을 갖추는 것은 쉬운 일이 아니다.

오케스트라를 예로 들어 보자. 모든 악기 연주자는 지휘자로부터 신호를 받는다. 비록 무대에서 가장 눈에 띄는 사람은 지휘자이지만, 오케스트라가 어떻게 연주하는지 전적으로 책임을 지는 사람은 아니다. 지휘자는 음악을 해석하고 오케스트라 연주자에게 어떻게 연주를 해야 하는지 전달한다.

오케스트라는 다양한 악기들이 같은 유형이거나 파트로 조화를 이뤄 구성된다. 지휘자는 각 파트에서 그들의 선율로 표현하거나 연주하도록 하고, 중요한 부분을 이끌어 내도록 하는 한편, 멜로디가 들리도록 다른 파트의 소리는 부드럽게 만든다. 각 악기가 지휘자와 조화를 이루고자 한 명 또는 두 명의 악기별 담당자가 있다. 파트별로 각 악기 연주자가 다른 악기를 압도하지 않도록 하고자 주의를 기울여야 한다. 오케스트라가 어떻게 연주하는지에 대한 이해는 '같은 음악 시트 위의 모든 사람'[1]이라는 문구에서 유래한다.

IT 운영과 IT 보안 운영은 음악을 연주하는 오케스트라 기능을 수행하는 조직과 다르지 않다. 생산에 대한 개발, 운영에 대한 프로젝트는 예행 연습과 비슷하다. 문제는 정보 시스템 부서 전체가 내부에서 조화를 이루는지 아니면 불협화음을 내는지에 달려 있다. 사이버 인텔리전스를 통합함으로써 서로의 의견을 경청하고 IT 리더가 운영을 통해서 다음 단계로 진행하는 데 도움이 된다.

---

1 모든 사람들이 현재 무슨 일이 일어나고 있는지 이해하면서 행동이나 의도가 전달되고 조율되고 있다는 것을 의미한다. – 옮긴이

▌ 전략적 사이버 인텔리전스 역량 개발

사이버 인텔리전스 역량을 갖추는 것은 결코 쉬운 일이 아니며 모든 조직마다 서로 다르다. 2장에서 설명한 것과 같이 정보를 수집, 분석하고 특정 이해관계자에게 배포하기 위한 방법이 필요하다. 어디부터 시작해야 할까?

능력 성숙도 모델CMM, Capability Maturity Model은 조직의 관행, 행동, 프로세스가 필요한 성과를 얼마나 잘 만들어 낼 수 있는지를 다양한 수준으로 나타내는 데 사용된다.

다음은 인터넷 보안 센터CIS, Center for Internet Security의 상위 20개 보안 통제 항목을 기준으로 사이버 인텔리전스 역량 개발을 시작하는 방법의 예다.

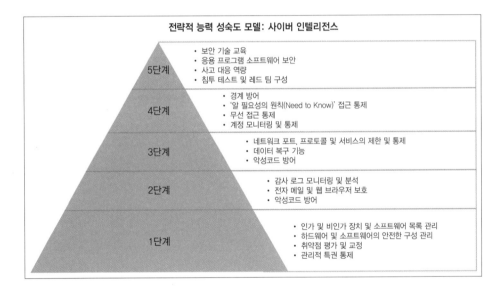

이런 점에서 비즈니스 요구 사항 충족을 위해 다음 내용을 질문할 수 있다.

- 이 일을 수행할 수 있는 역량을 보유했는가?
- 왜 중요한가?
- 어려운 점은 무엇인가?

- 이해관계자는 누구이며, 어떻게 의사소통을 할 것인가?
- 언제 필요한가?

우선순위의 이해

개방형 그룹 아키텍처 프레임워크^{TOGAF, Open Group Architecture Framework}에서는 기업을 공통 목표나 단일 결론을 갖는 조직의 집합으로 정의한다. TOGAF는 기업을 세 부분으로 나눈다.

- 비즈니스 아키텍처
- 데이터/응용 프로그램 아키텍처
- 기술 아키텍처

비즈니스 아키텍처

비즈니스 아키텍처는 조직에 대한 일반적인 이해를 제공하고, 전략적 목표와 전술적 요구 사항을 일치시키는 데 사용하는 기업의 청사진으로 정의한다.

IT/정보 보안 조직은 비즈니스를 어떻게 지원하고 있는지 이해하고 있어야 한다. 따라서 혁신적인 프로젝트를 계획하려면 비즈니스 우선순위와 비즈니스의 전략적 목적을 이해해야 한다.

데이터/응용 프로그램 아키텍처

모든 기업은 기본 데이터 아키텍처를 갖춘 일종의 응용 프로그램 아키텍처를 보유하고 있다. 이 둘 사이의 관계 그리고 이전의 비즈니스 목표를 어떻게 지원하고 또는 지원했는지 이해해야 한다.

기술 아키텍처

기술 관점에서 데이터/응용 프로그램 아키텍처가 어떻게 지원되는지 이해해야 한다.

아키텍처와 사이버 인텔리전스의 응용

이제 모델을 보유하고 있다. 어디부터 시작해야 할까?

다음은 예를 살펴보자.

1. 조직의 비즈니스 목표를 이해해야 한다.
2. 목표 달성에 **핵심**적인 인력, 프로세스, 제품, 파트너를 파악해야 한다.
   - 대표자
   - 단일 장애 지점
   - 평판
   - 제조 설비 및 시스템
   - 지적 자산
   - 핵심 시스템: 데이터 베이스, 서버, 네트워킹 장치
3. 목표 달성에 **도움**이 되는 인력, 프로세스, 제품, 파트너를 파악해야 한다.
   - 인사
   - IT 헬프 데스크
   - 프로그램/프로젝트 관리실
   - 원격 사무실
4. **중요도**^{critical}와 **지원**^{support} 사이의 우선순위를 지정해야 한다.
5. 사이버 인텔리전스를 기반으로 적절한 부문들과 의사소통하고, 협업 및 조치 수행 방안을 우선순위로 구분해 구현을 추진해야 한다.

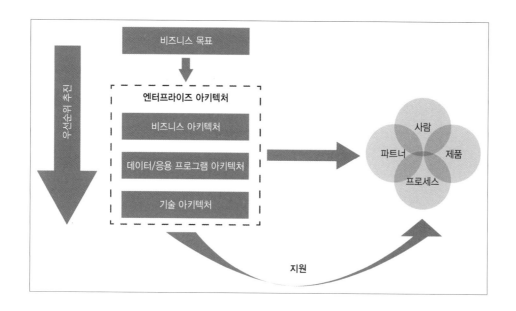

전략적 사이버 인텔리전스 조사 – 1단계

능력 성숙도 모델 1단계는 조직이 사이버 인텔리전스 프로그램의 성공을 위해 어디에 기반을 마련해야 하는지를 말한다. 이 단계에서는 개발한 프로세스와 절차가 새로운 계획을 지원하고자 나머지 기능을 어느 정도로 구축할지 설정한다. 기본 정보가 IT 운영과 IT 보안 사이에 전달되도록 보장하는 데 중점을 둔다.

정보 요청의 예로서 다음을 활용한다.

- 인가 및 비인가 장비 소프트웨어 목록
  - 인가된 장비와 소프트웨어 목록이 있는가?
    - 어디에 있는가?
    - 누가 목록을 관리하는가?
  - 비인가 장비와 소프트웨어 목록이 있는가?
    - 이것을 관리하는 정책이 있는가?

- 이 상황을 통제하기 위한 절차는 무엇인가?
- 하드웨어 및 소프트웨어에 대한 안전한 구성 관리
    - 하드웨어와 소프트웨어 보안 강화 기준이 있는가?
    - 그것들이 조직을 지원하는 공급업체에 전달되는가?
    - 기준에 대한 규정 준수 여부를 어떻게 확인하는가?
- 취약점 평가 및 교정
    - 조직의 네트워크에 대한 취약점 스캔을 수행할 역량이 있는가?
    - 교정에 대한 책임은 누구에게 있는가?
    - 특정 취약점을 교정하기 위한 적절한 일정 계획이 수립됐는가?
- 관리적 특권 통제
    - 관리적 특권을 누가 보유하고 있는가?
    - 관리적 특권이 필요하지 않은 사람은 누구인가?
    - 그들은 무엇에 접근할 수 있는가?

전반에 걸쳐 다양하게 성숙도 모델을 좀 더 자세히 살펴본다. 각 성숙도 단계를 수립하고 유지하는 방법을 이해하는 데 도움이 되도록 운영 보안의 개념을 소개한다.

> **전략적 능력 성숙도 모델**의 1단계에서 수집, 분석 및 배포를 위한 IT 운영과 보안이 긴밀하게 통합되지 않으면, 다른 단계에서는 항목에 대한 명확한 인텔리전스 확보가 어려울 것이다.

▌ 운영 보안 소개

운영 보안은 운영의 효율을 증진시키고 공개적으로 확인할 수 있는 공격자 정보를 방어하려고 개발됐다. 조직에 다음 내용을 포함한다.

- **기능**^{capability}: 할 수 있는 것 또는 보유한 능력
- **제한**^{limitation}: 할 수 없는 것 또는 실행할 수 없는 것
- **의도**^{intent}: 계획은 무엇이며, 언제 그것을 수행할 것인가?

목적을 위해 OPSEC 프로세스를 사용하면, 더욱 안전한 네트워크를 위한 방어와 로드맵을 개선할 수 있는 사이버 인텔리전스 능력 개발 방법을 더 잘 이해할 수 있다.

OPSEC 프로세스는 5개의 단계를 갖는다.

1. 중요 정보 식별
2. 위협 분석
3. 취약점 분석
4. 위험 평가
5. 적절한 대책 적용

OPSEC 1단계 – 중요 정보 식별

무엇이 중요한 정보인가? 공격자들이 서비스를 저하시키고, 운영에 혼란을 주며, 기업 평판에 영향을 주려 할 때 필요한 정보다. 일반적으로 상업적 영역에서 왕관의 보석 ^{crown jewel2}이라고 한다.

예:

- 핵심 네트워크 인프라
- 정보 보안 기능
- 비즈니스 정보
    - 합병 및 인수

---

2 왕관 보석은 대상 회사의 가장 매력적인 부분을 의미하는 말이다. – 옮긴이

- 비즈니스 핵심 응용 프로그램
  - 제조 응용 프로그램
  - 엔터프라이즈 자원 관리 플랫폼
- 직원 정보
  - 시스템 관리자 식별
- 지적 자산
  - 계획 문서
  - 설계도
  - 청사진

OPSEC 2단계 – 위협 분석

이 단계는 공격자(내부 또는 외부), 목적 및 조직에 대한 정보 활용 역량의 식별에 관해 다룬다. 일단 위협이 식별된 후, **기술, 전술, 절차**TTP, Technique, Tactic, Procedure를 조사하고 이러한 특정 활동을 모니터링하는 방법에 우선순위를 정한다.

OPSEC 3단계 – 취약점 분석

취약점은 물리적 또는 정서적으로 공격받을 가능성으로부터 보호받지 못하는 상태다.

공격자, 목적, 공격자의 능력을 이해함으로써 조직은 기업에 존재할 수 있는 잠재적인 취약점을 파악하는 데 집중할 수 있다.

OPSEC 4단계 – 위험 평가

위험은 조직이 얼마나 위기 상황에 노출됐는지 나타내는 척도다. 일단 취약점이 식별되면 조직의 위험 프로세스를 거쳐야만 한다. 이 프로세스는 각 취약점을 평가하고, 악용 가능성과 조직에 미치는 영향도의 합계를 기반으로 평가한다.

가능성 단계 예:

- **확실함**certain: 발생할 가능성 100%
- **가능성 높음**likely: 발생할 가능성 80% 이상
- **발생 가능함**possible: 발생 가능성 60~79%
- **가능성 낮음**unlikely: 발생 가능성 11~59%
- **희귀함**rare: 발생 가능성 10% 미만

영향도 단계 예:

- **무시할 정도 손실**: 발생하더라도 너무 많이 걱정하지 않음
- **한계 손실**: 발생한 경우 방해가 되지만 허용할 수 있음
- **중간 정도 손실**: 발생한 경우 이전 단계로 복구하는 데 몇 가지 프로젝트가 필요함
- **중대한 손실**: 발생한 경우 이전 단계로 복구하는 데 몇 가지 주요한 프로젝트가 필요함
- **비극적 손실**: 발생한 경우 남겨진 것이 아무것도 없기 때문에 처음부터 시작해야 함

위험도 매트릭스는 발생 가능성과 영향도 간의 관계를 더 잘 이해하고자 시각적으로 표현하는 데 사용된다.

위험 매트릭스 예시					
영향도 →					
	무시할 수 있음	한계에 가까움	중간 정도	중대함	비극적임
확실함	낮음	보통	높음	높음	높음
가능성 높음	낮음	보통	보통	높음	높음
발생 가능함	낮음	낮음	보통	보통	높음
가능성 낮음	낮음	낮음	보통	보통	보통
희귀함	낮음	낮음	낮음	보통	보통

앞의 예에서 취약점이 악용될 가능성과 악용된 경우 조직에 미치는 영향을 파악해 각 취약점 평가를 시작할 수 있다.

위험 단계 예:

- **높음**: 많은 감독과 통제가 필요하며, 반드시 정기적으로 자주 보고해야 함
- **보통**: 이 항목은 알고 있으면 좋으며, 많은 변경 사항이 있는지 모니터링해야 함
- **낮음**: 알고 있으면 좋으나, 높음 및 보통 위험 항목만큼 걱정할 필요는 없음. 연 1회 또는 2회 정도 점검이 필요함

OPSEC 5단계 - 적절한 대책 적용

위험 평가 이후에 조직은 다음 작업을 수행하고자 자원에 우선순위를 지정할 수 있어야 한다.

1. 위험 회피
   - 문제를 회피하고자 차선책으로 계획을 변경

2. 위험 통제/완화
   ◦ 문제점을 격리시켜서 조직에 영향을 감소시킴
      − 네트워크 세분화
      − 접근 통제 목록
      − 인증 정보 관리
3. 위험 감수
   ◦ 문제가 있음을 확인
4. 위험 이전
   ◦ 사이버 보험
   ◦ 서비스 제공자

▌ 비즈니스 환경에서 OPSEC 적용

비즈니스 환경은 군대처럼 체계화돼 있지 않다. 또한 사령관이 사전에 무슨 일이 일어날지 결정하고, 그것을 실행하도록 유도하는 것이 훨씬 용이하다. OPSEC 프로세스는 매우 다양한 주제를 망라한다는 점에서 사이버 인텔리전스 프로그램에 대한 전략적 계획 이니셔티브로 간주돼야 한다. 이는 조직 내에서 그리고 1단계부터 시작하는 기업의 각 아키텍처에서 상위 리더십이 모든 운영 수준을 통솔하고자 중요한 정보를 다루는 데 도움이 된다.

다음은 사이버 인텔리전스 그룹이 어떻게 조직의 다양한 운영 수준을 통합하고 TOGAF에서 정의한 다양한 기업 아키텍처 통합 방법을 설명한다.

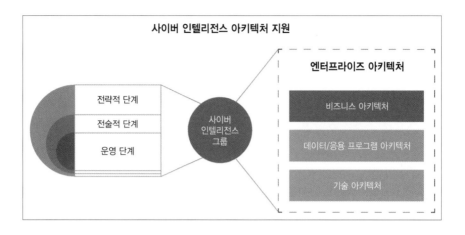

OPSEC을 염두에 두고 사이버 인텔리전스 역량을 구축할 때 다음을 고려해야 한다.

- 이해관계자들의 동의
  - 사이버 인텔리전스는 보안뿐만 아니라 IT 운영에 관한 역량임
  - 권한과 책임이 군대에서는 명확하지만 비즈니스에서는 명확하지 않음
  - 간접 보고라인 관리와 매트릭스 관리 조직은 직접 보고가 검토되지 않을 수 있어 구매를 어렵게 함
- 성숙한 IT 조직에서는 다음과 같은 이유로 역량 확보가 매우 어려움
  - 프로세스 및 절차가 공식화되고 승인돼 있음
  - 팀들은 수 년 동안 다른 팀들과 분리된 환경에서 근무함
  - 대규모 조직은 지리적 위치를 기반으로 IT 부서를 통합했을 수 있음
- 사이버 인텔리전스는 수립되거나 또는 개발 중인 기본 정보 보안 프로그램과 통합될 수 있음
  - 인텔리전스 능력은 조직을 지원하는 정보 보안 프로세스 프레임워크 상위에 구축돼야 함
- 협력 고려
  - 데이터를 분석하고 인텔리전스 제품 생성을 위해 팀 자원에 대한 상호 의사소통과 지원이 필요함

- - 의사소통 메커니즘과 통합해 제때에 적절한 사람들에게 인텔리전스를 제공함
- 부하 지도자가 지휘관의 의도에 따라 주도권을 행사할 수 있도록 권한을 위임함
  - 조치를 취할 의도 없이 개발된 인텔리전스는 자원의 낭비임

▌ 사이버 인텔리전스 프로그램 역할

누가 운영할까? 모든 비즈니스에는 각 구성원의 역할을 결정하는 조직도가 있다. 일반적으로 계층의 상위에 있는 사람일수록 책임감은 커진다. 신생 회사에서 CIO가 서버를 구성하는 것은 드문 일이 아니지만, 규모가 있는 조직에서는 기술자가 작업을 수행하는 점이 다르다. 사이버 인텔리전스 프로그램이 조직에 얼마나 적합한지 잘 이해하고자 다음 세 가지 단계의 리더십을 정의한다.

- 전략
- 전술
- 운영

각 단계에서 수집 작업의 우선순위가 팀에 잘 전달되도록 요구 사항이 전달된다.

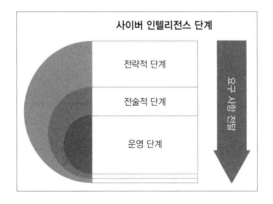

요구 사항 전달은 사이버 인텔리전스 프로그램 책임자가 해당 팀 및 담당자에게 전달한다. 단계별 역할 및 책임을 살펴본다.

전략적 단계 – IT 리더십

사이버 인텔리전스 프로그램의 **전략적 단계**는 IT와 정보 보안[InfoSec] 리더십 협력에서 시작한다.

- 최고 정보 책임자
- 최고 정보 보안 책임자
- 지역 최고 정보 책임자
- 지역 최고 정보 보안 책임자
- 본부장 – 상급 관리자

이 단계에서는 지도자는 다음 작업을 수행해야 한다.

1. 중요 정보, 시스템 또는 기술을 식별함
2. 기업의 위협과 취약점을 이해함
3. 위협과 취약점 감소를 위해 정보에 따라 위험도에 근거한 의사결정을 수행함
4. 비즈니스 목적에 따른 정책과 절차를 수립함

전략적 단계 – 사이버 인텔리전스 프로그램 책임자

전략적 단계에서 조직은 다음을 책임지는 사이버 인텔리전스 프로그램 책임자를 임명한다.

1. 사이버 인텔리전스 프로그램을 선도함
2. 전략적 리더의 요구 사항을 수집 및 우선순위를 지정함

3. 자원을 동원하고 수집 작업을 수립함

4. 정보의 편집과 분석을 감독함

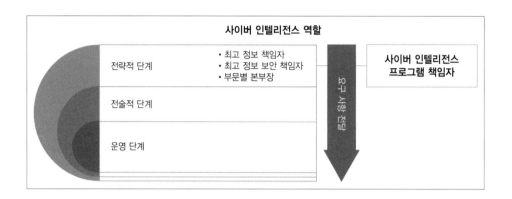

전술적 단계 - IT 리더십

사이버 인텔리전스 프로그램의 전술적 단계는 IT와 정보 보안[InfoSec] 리더십 협력에서 시작한다.

- IT 서비스 관리자
- 보안 운영 관리자
- 보안 관리자

이 단계에서 지도자는 다음 작업을 수행해야 한다.

1. 중요 정보, 시스템, 또는 기술 식별을 지원함

2. 위협 및 취약점을 기업에 보고함

3. 위협과 취약점을 감소시키고자 정보에 위험도를 기반으로 의사결정하도록 리더십을 지원함

4. 비즈니스 목표에 부합하는 정책 및 절차의 개발하고 수립을 지원함

전술적 단계 – 사이버 인텔리전스 프로그램 관리자

사이버 인텔리전스 프로그램 관리자는 다음 사항을 책임진다.

1. 사이버 인텔리전스 프로그램 분석가 선도
2. 사이버 인텔리전스 프로그램 책임자의 요구 사항 수집 및 우선순위 지정
3. 자원을 동원하고 수집하려는 노력 확립
4. 정보의 편집, 분석 감독
5. 인텔리전스 제품을 이해관계자에게 전달

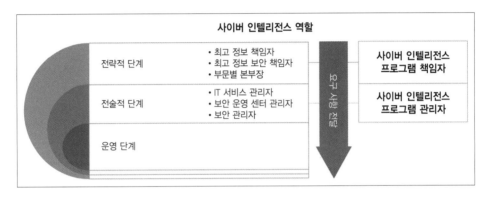

운영 단계 – IT 리더십

사이버 인텔리전스 프로그램의 운영 단계는 다음 담당자들과 협업으로 시작한다.

- IT 서비스 전문가
- 보안 팀장
- 분석가

이 단계에서 리더는 다음 작업을 수행해야 한다.

1. 중요 정보, 시스템 또는 기술 식별을 지원
2. 위협과 취약점을 수집하고 기업에 보고
3. 위협과 취약점을 감소시키기 위한 리더십의 의사결정 지원에 필요한 정보 수집
4. 비즈니스 목표에 부합하는 정책 및 절차의 시행

운영 단계 – 사이버 인텔리전스 분석가

사이버 인텔리전스 프로그램 관리자는 다음 사항을 책임진다.

1. 사이버 인텔리전스 프로그램 실행
2. 사이버 인텔리전스 프로그램 책임자의 요구 사항 수집
3. 정보의 편집 및 분석
4. 이해관계자를 위한 인텔리전스 제품 개발

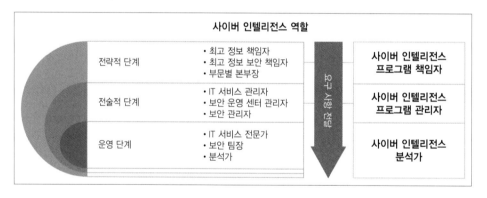

▌요약

모든 단계에서 리더는 사이버 인텔리전스 기능/프로그램을 구축해 운영과 보안의 중요성을 이해하고 통합을 지원해야 한다. 사이버 인텔리전스 프로그램이 전략적 단계에서 어떻게 고려되는지 보다 잘 이해하고자 OPSEC과 5개의 단계를 활용해 조직의 개요를 파악하고 보호할 수 있는 방법의 중요성을 소개했다.

1. 중요 정보 식별
2. 위협 분석
3. 취약점 분석
4. 위험 평가
5. 적절한 대책 적용

3장에서는 사이버 인텔리전스 프로그램 지원에 도움이 되는 각 단계의 역할과 책임도 예시로 제시했다. IT 운영과 IT 보안의 도움으로 사이버 인텔리전스 기능은 수집, 분석 및 배포의 최상위 요구 사항을 활용하고 지원한다. 지금까지 개략적인 능력 성숙도 모델을 살펴봤고 단계별로 각 항목에 대해 다음 질문에 답할 수 있다.

1. 이 일을 수행할 수 있는 역량을 보유했는가?
2. 왜 이것이 중요한가?
3. 어려운 점은 무엇인가?
4. 이해관계자는 누구이며, 어떻게 의사소통을 할 것인가?
5. 이것은 언제 필요한가?

4장에서는 적극적인 방어 원칙과 전술적 단계에서의 적용을 살펴보면서 IT 관리자, SOC 관리자, 서비스 관리자가 조직의 사이버 인텔리전스 프로그램/기능을 지원하는 방법을 설명한다.

04

사이버 인텔리전스를
활용한 능동적인 대응

3장은 **능력 성숙도 모델**CMM, Capability Maturity Model을 사용해 사이버 인텔리전스 기능을 통합하는 방법을 살펴봤다. 4장에서는 사이버 인텔리전스를 활용하는 전술적 단계를 설명한다. 위협, 취약점을 식별하고 위험평가 방법으로 의사결정에 우선순위를 지정하는 OPSEC 원리를 활용함으로써 전략적 능력 성숙도 모델의 단계를 활용하고 최고 경영진에 집중해 자원의 우선순위를 부여한다. 이제 이것들이 자리를 잡아서 중간 관리자는 한 걸음 더 나아가 중견 경영진에게 유용한 의사결정 정보를 제공하고, 그들의 우선순위를 이해할 수 있다.

이 단계에서 중간 관리자는 팀에 정보를 수집, 분석, 배포할 수 있는 방법을 갖고 있어야 한다. 위협을 식별함으로써 이러한 위협이 어떻게 취약점을 악용하는지 살펴볼 수 있다. 위협을 식별하고 위협이 가능한 취약점 악용 방법을 이해할 수 있다면 사전 예방적인 보안 대책 수립을 고려할 수 있다. 사전 예방적^{proactive} 보안 또는 공격적^{offensive} 보안의 개념은 **능동적 대응**^{Active Defense}이라고도 한다.

상위 단계에서 다음 내용을 설명한다.

- 능동적 대응이란 무엇인가?
- 능동적 대응 원리
- 법적 우려 사항
- 기술, 전술, 절차
- 의사소통 및 협력

▌ 능동적 대응 소개

지금 우리가 갖고 있는 것을 생각해 보자. 집을 짓는 데 필요한 모든 도구와 청사진을 갖고 있을 수 있지만, 그것이 집을 지을 수 있는 것을 뜻하지는 않는다. 네트워크를 대응할 수 있는 모든 도구와 자원을 확보하더라도 그것을 효과적으로 사용하는 방법을 모른다면 아무런 의미가 없다. 마찬가지로 전략적 능력 성숙도 모델을 보고, 하나씩 만들 수 있다고 생각하는 것 또한 꿈같은 이야기다. 많은 조직에서 이러한 기능은 서로 다른 성숙도 단계에 있다. 3장, '사이버 인텔리전스, 보안 및 운영'에서 설명한 바와 같이 성숙도 모델 1단계는 우리에게 범위를 제공하기 때문에 가장 중요하며, 다른 기능들은 조직의 필요에 따라 우선순위가 정해진다. 우리가 자기 집을 짓는 것과 같은 방식으로 서로 다른 건물의 기능을 살펴보면 모든 조직이 그들만의 꿈의 집을 지으려는 각자의 집 형태가 있다고 상상할 수 있다. 일부는 튼튼한 기초 위에 세워져 있으나 지붕이 없고, 그와 반대일 수도 있다. 반면에 **꿈의 집**을 계획하고 건축(프로젝트와 개발)을 최고 리더에게 맡길 것이다. 중급 리더들은 그들이 있는 집을 보호하기 위해 그들의 현재 기능을 사용한다.

필자는 좋지 않은 일에 놓여 있는 상황을 설명하고자 **못생긴 아기**^{ugly baby}라는 말을 사용한다. 우리는 모두 못생긴 아기를 안고 있으며, IT와 보안을 얘기할 때도 도처에 항상 못생긴 아기가 있는 것과 같다고 할 수 있다. 최상위 관리자가 집을 짓고자 열심히 노력하는 동안 여러분은 못생긴 아기를 보살피라고 건네받는다. 혹시 취약점 관리 프로그램이 약하거나 집에 패치를 적용할 권한이 없을 수도 있다. 생각해 보자. 이 집과 못생긴 아기들 모두 보호해야 하는 것은 우리의 책임이다. 우리는 보호해야만 한다.

보호하고자 사이버 인텔리전스 기능을 제공해 OPSEC 프로세스를 강화하고 OODA 의사결정 모델을 더 작게 만들 수 있다. OODA 의사결정 모델을 작게 만들면 능동적인 대응을 사용해 사전 예방적이고 대응책들에 우선순위를 지정할 수 있다.

▌ 사이버 킬 체인의 이해

사이버 킬 체인^{Cyber Kill Chain} 프레임워크는 록히드 마틴^{Lockheed Martin} 사에서 개발했고, 공격자가 목표물을 성공적으로 악용하는 데 필요한 행위를 식별한다.

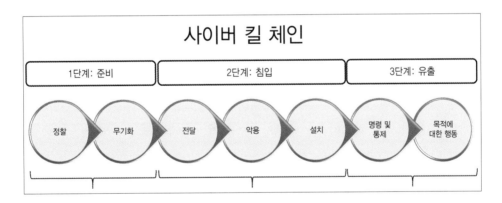

사이버 킬 체인은 7개 세부 단계로 구성돼 있으며, 크게 세 가지 단계가 있다.

- 1단계: **준비**preparation: 공격자는 조직의 취약 지점을 찾고 취약점을 악용하는 방법을 찾는다.
    1. 정찰reconnaissance
    2. 무기화weaponization
- 2단계: **침입**intrusion: 공격자는 악용할 수 있는 취약점과 공격을 전달하기 위한 수단을 찾고, 목표 시스템을 제어하고자 표적이 미끼를 물도록 해야 한다.
    1. 전달delivery
    2. 공격exploitation
    3. 설치installation
- 3단계: **유출**breach: 공격자는 제어권을 갖게 되고, 다른 악의적 행동을 위해 네트워크에서 현재 상황을 유지하고 향상시키고자 후속 단계를 수행한다.
    1. 명령과 제어command and control
    2. 사후 공격actions on objective

사이버 킬 체인은 **APT**Advanced Persistent Threat 관점에서 실행되는 전후 관계 맥락을 파악하는 데 도움이 되며, 전 세계적으로 공격 그룹은 이런 단계들을 비슷하게 변형해 실행한다. 이런 단계들을 이해하고, 특정 위협이 체인의 어디에 있는지 식별하고, 그것을 저지하는 것이 대응의 기본 개념이다. 각 조직은 비즈니스 프로세스를 수행하는 데 차이가 있기 때문에 APT, 핵티비스트hacktivist, 초보 해커는 각각의 방법이 있다. 이것을 특정 위협의 **기술**Technique, **전술**Tactic, **절차**Procedure라고 한다. 서로 다른 위협들이 TTP가 있다는 것을 이해함으로써 사이버 인텔리전스를 통해 위협들이 특정 행동이나 행위를 갖고 있음을 파악한다.

기술, 전술, 절차는 특정 해커 그룹 그리고 국가(nation-state) 공격 조직에 초점을 맞추고 있다. 그러나 TTP를 단지 이런 조직이나 공격 행위로만 제한할 수는 없다. 시스템 관리자가 의도하지 않게 실수로 데이터베이스에 접근하는 위험이 있을 수 있다. 이런 경우 시스템 관리자를 위협으로 간주할 수도 있지만, 네트워크에서 시스템 관리자가 우회하도록 허용하는 것을 위협으로 볼 수도 있다.

▌ 능동적인 대응의 일반적인 원칙

능동적인 대응^{Active Defense} 및 사이버라는 단어를 검색하면 정보 보안 분야에서 인기 있는 주제이기 때문에 좋은 자료를 찾을 수 있을 것이다. 이 주제가 인기 있는 이유는 공격자를 찾아내고, 공격자를 역으로 공격한다는 생각이 저변에 깔려 있기 때문이다. 공격자와 같은 방법으로 되갚는 방법은 법적으로나 윤리적으로 문제가 있다. 또한 당연히 문제가 돼야 한다. 사이버 인텔리전스 활용 방법을 배운 이래로 우리는 좀 더 주의해야 한다. **해커의 사고방식** 또는 **공격적인 성향**을 이해하는 데 도움이 되는 책이 많이 있다. 그럼 어떻게 해야 할까? 우리는 공격으로 되갚는 것은 안 된다. 일상적인 보안과 IT 운영을 넘어 OPSEC 프로세스를 일단 활용하기 시작하면 누가 우리의 적이고, 어떻게 활동하고 있으며, 우리 네트워크를 침입하거나 정보를 훔치지 못하게 하는 방법을 알 수 있다.

능동적인 대응에는 다음 세 가지 원칙이 있다.

- **원칙 1**: 공격 방해하기^{annoyance}
- **원칙 2**: 속성 파악하기^{attribution}
- **원칙 3**: 공격^{attack}

법적 및 윤리적인 영향으로 원칙 1과 원칙 2에 초점을 맞춘다.

능동적인 대응 – 1원칙: 공격 방해하기

적에게 중요한 것을 사전에 제거하려면 우리는 네트워크에 대한 제어권을 확보하고자 무엇인가가 있어야 하는데 그것은 바로 시간이다. 초보 해커부터 국가 해커들에게 노력해도 소용이 없는 **시간적 한계점**time threshold이 있다.

우리의 임무는 특정 공격을 **차단**blocking하거나 또는 공격자를 우리가 원하는 곳으로 **전환** deflecting함으로써 공격자의 악용 및 해킹 시도가 동작하고 있다고 믿도록 속여서 계속 시도되는 공격이 가치 없도록 만드는 것이다.

차단 예:

- 지리적으로 차단하는 방화벽 규칙
- 네트워크 포트 보안
- 악의적인 행위를 보고하기 위한 보안 교육

전환 예:

- null 경로 연결
- 허니 독스honey docs
- 허니 팟honey pots

보안을 항상 100% 유지할 수 없다는 생각으로 우리는 공격자들이 그들의 목표에 도달하기 위한 방법을 찾아내고자 컴퓨터 자원을 사용하도록 한다.

> 공격 방해하기와 능동적인 대응을 생각하는 방법은 워너 브라더스의 만화, 「로드 러너와 코요테」를 연관시키는 것이다. 로드 러너의 주요 방어 수단은 속도다. 로드 러너는 끊임없이 코요테를 속도에서 좌절시켰기 때문에 코요테가 목표를 달성하고자 활용한 기술, 전술 및 절차는 중요하지 않았다.

능동적인 대응 – 2원칙: 속성 파악하기

속성 파악하기란 공격자의 행위를 기록해 위협이나 공격자를 판단하는 것이다. 공격 방해하기를 이해하고 (내부 또는 외부) 위협을 식별한 후 다음을 시작할 수 있다.

1. 실제 위협 또는 위협 행위자와 그 잠재적 영향을 검증한다.
2. 특정 행동을 식별된 위협과 매핑한다.
3. 공격자가 공격을 시도하기 전에 네트워크에서 그들 자신을 드러낼 수 있게 만든다.

예:

- 다디 사Dadi Inc의 CIO 및 CISO는 **특권 사용자를 관리하고 모니터링**할 수 있는지 확인하려고 한다. 그들이 확인한 위협 중 한 가지는 특권을 가진 직원의 퇴사다. 그들이 네트워크에 접근하지 못하도록 하는 프로세스는 무엇인가? 특권을 보유한 해고 직원이 로그인을 시도할 경우 어떻게 사고incident로 알릴 수 있을까 (검증 및 위협과 매핑)? 그들에게 어떤 조치를 취할 수 있는가?
- 작은 농업 회사의 데이터베이스 관리자인 두엔Duyen은 해커 그룹 데이트 셰이크 Date Shake가 지적 재산을 몰래 훔치고자 악성코드 변종을 사용해 감염시키고 있다는 온라인 기사를 읽었다. IT 보안 인식 교육에 참석한 후 그녀는 같은 해커 그룹이 자신의 회사가 다양한 종의 무화과 나무를 교배하고 있는 것에 관심이 있다는 것을 알았다. 전 세계적으로 감염된 시스템이 그녀의 조직과 동일한 운영체제를 사용하며, 데이트 셰이크가 회사를 위협할 수 있다는 가능성을 파악하고, 두엔은 IT팀 동료에게 가능한 취약점을 보고하고 조치하도록 요청한다.

▌ 능동적인 대응에서 미끼와 함정

좀 더 진행하기 전에 능동적인 대응방법으로 미끼^{enticement}와 함정^{entrapment}의 차이를 살펴보자.

- **미끼**: 누군가를 유혹하거나 관심을 끌 때 사용하는 것
- **함정**: 누군가를 속여 불법적인 행동을 취하도록 해 기소할 수 있는 행동

시나리오 A

개는 먹는 것을 좋아하고, 사람이 먹는 음식을 먹으려고 한다. 적어도 우리 집에서 개에게 사람이 먹는 음식을 주는 것은 (어떤 의미에서) 불법이다.

미끼의 예를 들면 음식을 요리하고 테이블로 가서 개가 잘 보이는 곳에 음식을 남기는 것이다. 비록 개는 사람들이 먹는 음식을 먹으면 안 되는 것을 알지만, 먹을지 말지 선택의 기로에 놓이게 된다. 남겨진 음식을 보면 개가 음식을 먹었는지 알게 된다.

함정의 예를 들면 음식을 요리하고 테이블로 가서 개가 잘 보이는 곳에 음식을 남기는 것이다. 비록 개는 사람들의 음식을 먹으면 안 되는 것을 알지만, 먹을지 말지 선택할 수 있다. 그러나 음식 조각을 집어 들고, 개에게 먹어서는 안 된다고 말하고, 그 음식을 개에게 주고, 훈련시킨다.

이러한 시나리오 중 어느 것이 도덕적으로 또는 윤리적으로 올바른 것인가?

이제 몇 가지를 바꿔서 같은 이야기를 살펴보자.

시나리오 B

해커는 **개인 식별 정보**^{PII, Personal Identifiable Information}를 좋아하며, 이런 파일을 획득할 수 있는 기회가 있다. 미국에서는 개인 정보를 보호하지 않는 것은 법에 어긋난다. 이런 개인 정보가 중요한 것을 알고 있기 때문에 Organization_PII_Roster.doc라는 파일(HoneyDoc)

을 만들었다. 그리고 이 파일을 열 때 열면 안 되는 뭔가 열렸다고 사고 대응 팀에게 경보가 간다.

미끼의 예는 개인 정보 파일을 눈에 띄지 않는 인사팀 디렉터리에 놓고 잠재적인 해커 앞에 남겨 두는 것이다. 해커들은 시스템에 침투하고 정보를 훔치는 것이 불법인 것을 알고 있으며, 정보를 가져갈지 말지 선택한다. 이 특수 파일이 열렸는지 그대로 있는지 우리는 알 수 있기 때문에 조사 활동이 필요한지 아닌지 알게 될 것이다.

함정의 예는 파일을 가져와서 눈에 띄지 않는 인사팀 디렉터리에 놓고 잠재적인 해커 앞에 남겨 두는 것이다. 해커들은 시스템에 침투하고 정보를 훔치는 것이 불법인 것을 알고 있으며, 정보를 가져갈지 말지 선택한다. 미끼와 달리 토르^{Tor} 통신을 이용해 여러 포럼에 조직 내 이 파일의 위치를 게시하고, 파일이 개봉되기를 기다리고 네트워크를 악용하는 사람을 파악해 그들을 재판에 기소한다.

▌ 능동적인 대응의 유형

능동적인 대응은 무술로 생각할 수 있다. 각 무술은 공격, 대응 또는 둘의 혼합에 중점을 둔 학교를 운영한다. 각각의 훈련마다 자신의 스타일과 동작으로 고유하게 만들고, 자기 대응의 기본 요구를 충족한다. 크라브 마가$^{Krav\ Maga}$[1]는 상대의 치명적인 취약점을 공격하는 조합이며, 대응은 군사 사이버 작전과 관련이 있다.

주짓수$^{Jiu\ Jitsu}$ 무술을 생각해 보자. 이 무술은 상대의 에너지와 추진력을 공격자가 가고 싶은 곳으로 방향을 돌리는 것이다.

정보 수집은 내부와 외부로 두 가지 출처에서 이뤄지며, 사이버 인텔리전스 기능에 이 정보가 입력된다. 일부 정보는 로그 집계를 통해 자동으로 수집되고, 다른 정보는 입소

---

1 크라브 마가는 이스라엘 방위군과 이스라엘 안전보장군를 위해 개발된 군사 자기방어 체계의 하나로서 실질적인 전투 훈련과 더불어 복싱, 레슬링, 아이키도, 유도, 공수도를 기원으로 하는 기법들을 종합한 무술이다(위키백과). – 옮긴이

문을 통해 얻을 수 있다. 일단 정보를 수신한 뒤 어떻게 대응할 것인가는 문제 해결을 위해 IT 팀과 보안 팀의 다양한 구성 요소의 통합 수준에 따라 달라진다. 어떻게 통합을 이룰 수 있는지 잘 이해하고자 능동적인 대응을 수동 및 자동화 측면으로 논의한다.

능동적인 대응 유형 – 수동

태권도나 유도 같은 무술에서 사용되는 띠belt의 체계로 사이버 인텔리전스, 능력 성숙도 모델 그리고 능동적인 대응의 수동 방법 개발을 생각할 수 있다. 무술의 각 띠 단계에는 수련자들이 공부하고, 연습하고 유지하는 기법과 기술이 있다. 수련자들은 계속 발전함에 따라 기술을 향상시키고, 실제로 자기 방어가 필요한 상황이 발생했을 때 많은 시간의 무술 이론이 근육의 기억을 통해 적용할 수 있도록 기초를 습득한다.

수련자들이 이론을 실제로 적용하기를 바라는 것과 같이 우리는 실제 상황에 대비해 IT Ops와 보안 제어를 테스트해야 한다. 다음은 몇 가지 예다.

- 데이터 유출 상황에서 사고 대응 팀과 IT 운영 사이의 상호작용을 확인하는 탁상형 연습
- 허가된 침투 테스트, 보안 운영 센터가 비정상적인 트래픽을 효과적으로 식별하는 능력

서로 다른 팀과 구성원 간에 이러한 활동을 연습하고 개선함으로써 사고 발생 시 사전 대처 능력을 향상시킨다.

능동적인 대응 유형 – 자동

능동적인 대응을 사용하기 위한 자동화 작업은 설정된 기준선에 대해 지정한 데이터를 평가하도록 구성한 도구나 시스템이다. 자동화를 활용함으로써 OODA 의사결정 모델

을 빠르게 진행할 수 있다. 이러한 도구는 적절한 팀에 경고를 보내고, 프로그램 로직에 따라 문제를 자동으로 해결하거나 사고를 막는다.

영화에서 영웅들의 조수(들) 또는 파트너가 전투에 도움을 주는 능력을 생각해 보자. 일반적으로 이러한 역할은 상황이나 역할이 부족할 때 덮기 위한 역할이다. 위험한 상황에 자동으로 경고하거나 또는 포탄의 종류에 상관없이 멈출 수 있게 한다. 하지만 어떻게 그들이 이런 것을 할 거라고 알았을까? 조수와 파트너들은 영웅들과 함께 훈련해야 한다. 우리는 파트너로 머신러닝과 인공지능 도구를 훈련하고 활용할 수 있게 되면 인지 능력을 향상시키고, 이벤트를 더 잘 예측할 수 있다.

예를 들어, **보안 사고 이벤트 모니터링**^{SIEM, Security Incident Event Monitoring} 도구는 로그를 수집해 발생 가능한 이벤트를 평가하는 수단이다. 조직에서 모니터링하고 사고를 정의하고, SIEM 도구가 이러한 사고를 측정하도록 조정하면 자동화된 능동적인 대응 메커니즘은 관리 시스템들 간에 상호 작용으로 악성 시스템을 차단한다. 이제 다음과 같이 말할 수도 있다. "만약 사고가 발생한다면 사전에 예방하지 못한 발생한 이벤트에 대응한다." 대응에서 사전 예방적이란 OPSEC의 원리를 이해하는 것임을 기억하자. OPSEC을 적용하면 SIEM 자원을 모니터링에 집중할 수 있고, 중요한 정보와 시스템, 공격자, 공격자의 행위를 모두 확인한다.

▌ 전술적 단계에서 능동적인 대응 응용

방금 배운 것을 적용해 보자. 다디 사^{Dadi Inc}의 대표는 뉴스를 통해서 위협 행위자 A와 다른 회사의 웹사이트가 어떻게 오프라인 상태가 됐는지 알게 됐다. 놀랍게도 다디 사의 CIO는 이미 위협 행위자 A가 다디 사의 운영에 큰 영향을 미쳐 조직에 확실한 위협이라고 규정하고 있다.

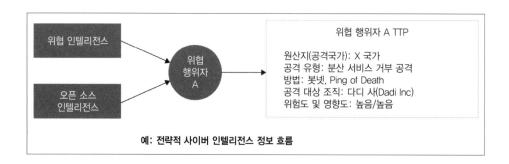

위협 행위자 A TTP

원산지(공격국가): X 국가
공격 유형: 분산 서비스 거부 공격
방법: 봇넷, Ping of Death
공격 대상 조직: 다디 사(Dadi Inc)
위험도 및 영향도: 높음/높음

예: 전략적 사이버 인텔리전스 정보 흐름

CIO는 통신 인프라가 갖춰져 있고 지역 팀으로부터 보고를 받고 있다고 설명한다. 위협이 구체화되면 운영 조치를 취할 준비가 돼 있다. 대표는 머리를 끄덕이고, CIO는 그날 계획을 재개한다.

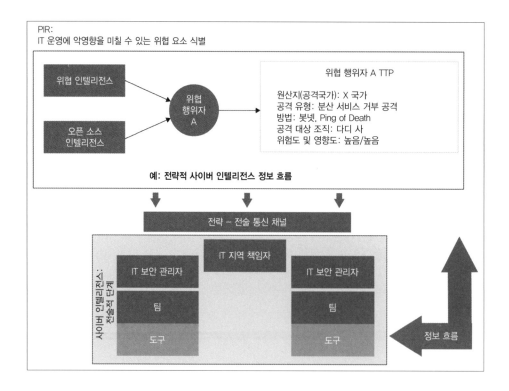

PIR:
IT 운영에 악영향을 미칠 수 있는 위협 요소 식별

위협 행위자 A TTP

원산지(공격국가): X 국가
공격 유형: 분산 서비스 거부 공격
방법: 봇넷, Ping of Death
공격 대상 조직: 다디 사
위험도 및 영향도: 높음/높음

예: 전략적 사이버 인텔리전스 정보 흐름

전략 – 전술 통신 채널

사이버 인텔리전스: 전술적 단계

IT 지역 책임자

IT 보안 관리자 / IT 보안 관리자

팀 / 팀

도구 / 도구

정보 흐름

한편 지역 사무소에서 IT 지역 책임자는 회사의 사이버 인텔리전스 프로그램 책임자로부터 위협 행위자 A가 다시 움직이고 있다는 보고를 받는다. IT 지역 책임자는 IT 보안 관리자와 IT 운영 관리자가 조치를 취하는 데 필요한 정보를 제공해 원활히 진행되도록 한다.

위협 행위자 A TTP

원천지: X 국가
공격 유형: 분산 서비스 거부
방식: 봇넷, Ping of Death
공격 대상 조직: 다디 사
위험도 및 영향도: 높음/높음

비록 모니터링해야 할 것이 많지만, CIO와 통화 후에 IT 지역 책임자는 모니터링의 우선순위를 위협 행위자 A에 대한 추가 정보를 대상으로 변경한다. 이러한 변경은 채널을 통해 IT 보안 및 IT 운영 관리자에서 전달되며, 전술적 단계에서 조치를 취한다.

위협 행위자 A를 염두에 두고, 관리자는 우선순위를 재평가하고, 이에 따라 팀을 선별 운용한다. IT 위험 관리 부서의 도움으로 각 팀은 DDOS 공격 모니터링을 위해 할당된 **핵심 위험 지표**^{Key Risk Indicator}를 갖고 있고, 그들은 상사에게 가장 정확한 보고서를 제공할 수 있도록 도구에 추가적인 변경 작업을 한다. 위협 행위자 A가 공격을 시작할 때까지 계속된다.

다디 사는 위협 행위자 A의 DDOS 공격으로부터 안전한가? 팀은 능동적인 대응을 위해 사이버 인텔리전스를 어떻게 활용하는가?

5장에 계속 …

▌ 요약

4장에서 배운 바와 같이 사이버 인텔리전스는 정보의 통합과 직원의 업무 수행을 위한 실용적인 인텔리전스를 제공하는 데 초점을 맞추고 있다. 인텔리전스 수집 정보는 조직의 주요 이해관계자가 우선순위를 지정하고, 의사결정에 필요한 데이터를 보유한다. 원시 데이터는 운영 단계, 현장 팀에서 수집되며, 중간 관리자가 의사결정을 위해 운영의 전술 영역으로 흘러간다.

이러한 흐름을 이해하고, 올바른 항목에 적절한 리소스를 집중할 수 있는 방법으로서 정보의 전략적 우선순위를 고려한다. 수집 작업과 조치는 자동 또는 수동 방법으로 해결할 수 있다. OPSEC 원리를 활용하고 OODA를 이해하면 사전에 위협에 대처하기 위한 전술적 작전 단계에서 능동적인 대응 기능을 방법으로 사용할 수 있다. 이 기능은 속임수로 네트워크 침투를 어렵게 하고, 또한 특정 위협을 TTP로 확인하기 위한 방법을 매핑해 제공함으로써 취약점을 악용할 수 있는 가능성을 감소시키는 데 도움이 된다.

4장은 전술적 단계에서 사이버 인텔리전스가 어떻게 능동적인 대응을 가능하게 하는지 설명했다. 그런데 운영 팀이 어떻게 정보를 얻고, 자신의 업무에 적용할 수 있는지에 대해서도 논의해야 한다. 각 팀을 파헤쳐 수행 방법을 알아보기 전에 특정 팀에서 상세 정보를 활용하는 맞춤형 프레임 워크의 예를 제시한다. 5장에서는 미국의 특수 부대 팀이 찾기Find, 조치Fix, 종료Finish, 공격Exploit, 분석Analyze, 배포Disseminate (F3EAD)라는 프로세스를 사용해 그들의 작전 수행에 인텔리전스를 어떻게 활용하는지 알아본다.

05

모두를 위한 F3EAD

'정보와 인텔리전스'는 21세기의 '발화점이자 전쟁'입니다.

– 마이클 플린 미육군 소장, 2011년 3월

인텔리전스는 전술적 단계에서 멈추지 않는다. 정보는 팀에 전달돼야 하지만, 전략적으로 우선순위 업무를 수행하는 모든 팀이 알아야 할 필요는 없다. 전략적인 우선순위들은 분류돼 팀에 전달돼야 조치를 취할 수 있다. 특정 팀이 목표 달성을 위해 활용하는 또 다른 프로세스가 F3EAD다.

F3EAD는 해외에서 발생한 사건 지원을 위해 잘 알려진 임무의 일부를 담당하는 특수작전 부대SOF, Special Operations Forces가 활용하고 있는 타기팅targeting 방법론의 한 가지다. F3EAD는 적의 작전, 장소, 정확한 위치, 적군을 예측하고 추정할 수 있는 시스템으로서 인텔리전스 개발 및 포로로 잡힌 적군과 물자를 분석한다.

5장에서 살펴볼 내용은 다음과 같다.

- 찾기^{Find}, 조치^{Fix}, 완료^{Finish}, 공격^{Exploit}, 분석^{Analyze}, 배포^{Disseminate}(F3EAD) 프로세스 개요
- 군에서 F3EAD 응용
- F3EAD와 사이버 킬 체인
- 상업적인 영역에서 F3EAD 응용

▌ 타기팅의 이해

의사결정에 필요한 정보는 달성할 목표나 중요한 마일스톤^{milestone}을 기반으로 우선순위가 정해진다. 앞에서 인텔리전스 단계에 관해 학습한 내용을 생각해 보자. 전략적인 우선순위가 식별되면 우선순위를 정하고자 전술적 단계로 전달된다. 전술적 단계에서 우선순위가 정해지면 이를 처리하기 위해 운영 팀에 전달된다. 각 단계의 우선순위 항목들은 정보를 얻거나 역량 확보를 위해 달성해야 할 **목표**^{target}라고 볼 수 있다.

미군은 공격자에 대한 행동 강령을 제공하고자 **타기팅** 프로세스를 이용한다.

1. **찾기**^{find}: 타깃을 식별하고 위치를 찾음
2. **조치**^{fix}: 행방을 파악하고자 타깃을 지정
3. **완료**^{finish}: 할당된 자원으로 타깃 처리(저장해 두거나 없앰)
4. **공격**^{exploit}: 임무를 수행하는 동안 수집한 정보를 활용해 공격
5. **분석**^{analyze}: 조치해야 할 추가 목표를 찾기 위해 정보 분석

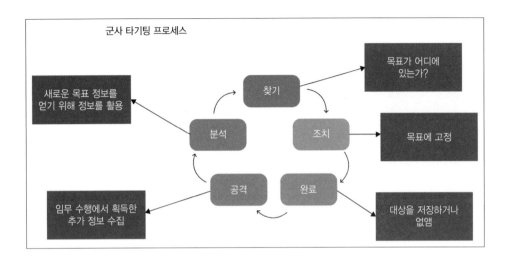

 이 프로세스는 F3EA로 불리며, F3EAD의 조상이며, 마지막 문자 D는 배포(Disseminate)를 뜻한다.

군에서 목표target에 대한 정의와 비즈니스에서 정의는 비록 유사점이 있을 수 있지만, 차이가 있다. 군에서 목적objective은 상당한 가치가 있는 목표물이나 가치가 높은 개인을 체포하거나 죽이는 것일 수 있다. 물론 이것은 서로 다른 두 영역에서 완벽하게 대응되는 것은 아니지만, 비즈니스 세계에서 이해할 수 있는 항목으로 변경할 수 있다.

S.M.A.R.T라는 약어를 활용해 비즈니스 영역에서 목표를 설정하는 방법의 예다.

- **구체적**Specific: 성취해야 할 것을 정의
- **측정 가능**Measurable: 진행에 대한 지표를 설정
- **할당 가능**Assignable: 목적에 대한 담당자를 할당
- **연관됨/현실적**Relevant/realistic: 목표를 달성할 수 있고, 조직과 관련이 있음을 보장
- **시간 제약**Time limited: 완료 날짜를 지정

다음은 비즈니스 목표의 일부 예다.

- **예산**: 조직이 개발, 운영, 또는 유지보수를 위해서 작업(또는 일련의 작업들) 완료에 필요한 총 자금
  - 예산 범위 내에서 완료해야 할 프로젝트
  - 운영 범위에 할당된 자금은 분기당 X달러를 초과하면 안 됨
- **프로젝트 마일스톤**: 정해진 단계에 이뤄지는 프로젝트의 달성 내용
  - 마일스톤 A는 3분기 말, 모든 산출물이 이해관계자의 검토를 위해 제출되면 완료됨
  - 마일스톤 B는 4분기 말, 모든 산출물이 이해관계자의 수락이 되면 완료됨
- **프로젝트 산출물**: 제품, 기능, 또는 프로젝트 종료 시 고객에게 가치를 제공하는 결과물
- **핵심 성과 지표**: 핵심 비즈니스 충족에 필요한 프로세스, 기능 등 성과 측정을 위해 정량화할 수 있는 측정치
  - 심각도가 높은HIGH 취약점에 대해 전체 평균 개수를 시스템당 5개로 낮춤
  - 모든 중간MEDIUM 유형의 헬프 데스크 티켓을 24시간 내 초기 연락 수행
  - 소프트웨어 테스팅 측정 기준metrics
    - 발견된 결함의 수 줄이기
    - 허용된 결함의 수 줄이기
    - 거부된 결함의 수 줄이기
    - 지연된 결함의 수 줄이기
    - 총 테스트 케이스 개수

- **핵심 위험 지표**: 특정 활동이나 영역에서 위험 증가 또는 감소에 대한 초기 신호를 나타내는 측정값
  - 사고 처리의 기준이 되는 교정 시간은 3개월에 5일이어야 하며, 사고에 대한 평균 교정 시간이 1개월 내 7일이면 직원 X에게 경보로 알려야 함
- **위험 수준**: 영향도와 발생 확률의 곱하기를 기본값으로 측정
  - 제품을 구성하는 데 활용되는 기존 장비나 시스템을 통제 완화에 활용해 응용 프로그램 Z에 대한 위험도가 낮은 등급이 유지돼야 함

타기팅 프로세스의 적용법을 좀 더 이해하고자 분기별 예산 목표를 예시로 활용한다.

- **발견**find
  - 첫째, 연간 예산을 수립해야 한다.
  - 이러한 정보가 없으면 지속적인 계획을 세울 수 없다.
- **조치**fix
  - 일단 연간 예산이 확보되면 각 분기별로 동일하게 나눌 수 있다.
  - 이러한 정보는 분기별 지출 한도를 이해하는 데 도움이 된다.
- **완료**finish
  - 분기마다 할당한 예산을 초과하지 않도록 지출을 모니터링하고 통제해야 한다.
  - 일단 분기가 끝나면 수집한 정보를 쉽게 살펴볼 수 있다.
- **공격**exploit
  - 이제 정보를 보고 몇 가지 질문을 할 수 있다.
    - 우리가 예상한 것보다 더 많이 소비했는가?
    - 우리가 기대한 것을 정확히 소비했는가?
    - 우리가 예상한 것보다 덜 지출했는가?

- **분석**analyze
  - 다음 분기에 새로운 목표를 시작할 수 있다.
    - 예산 내에 있다면 여분의 자금을 어디에 사용해 가치를 얻을 수 있을까?
    - 예산을 초과했다면 이번 분기에는 같은 길을 가지 않도록 자원을 줄일 수 있는 곳은 어디인가?

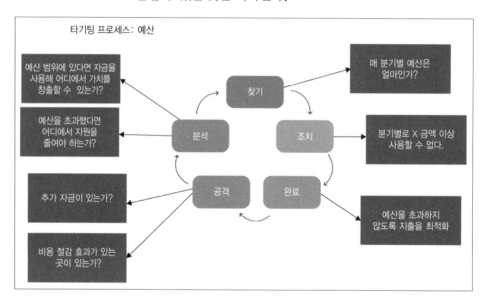

목표target라는 용어는 비군사적인 분야에서 여러 가지로 적용될 수 있기 때문에 군과 민간 사이에서 타기팅 프로세스의 적용에도 차이가 있다는 것을 이해해야 한다. 우리는 조직 전반에서 사이버 인텔리전스를 가능하게 하는 기능을 목표로 삼기 원한다. 운영 단계에서 팀은 수집한 정보의 우선순위를 분류해 필요한 정보를 제공하고, 또한 팀 간에도 사이버 인텔리전스를 전달할 수 있는 기능을 구축하도록 타기팅 프로세스를 시작한다.

▮ F3EAD 프로세스

F3EAD 프로세스는 미군 특수 부대에서 가치가 높은 목표를 포획하는 데 널리 활용되는 타기팅 방법론이다. 미 해군 특수 부대(네이비실)를 응용 프로그램의 GUI 또는 프런트엔드^{frontend}로 생각한다면 F3EAD 프로세스는 백엔드^{backend}인 시스템 구성 요소, 데이터 처리, 회로로 생각할 수 있다. F3EAD 프로세스는 매우 효율적이다. 즉 의사결정자가 원활하게 대응과 후속 조치를 취하도록 특정 목표에 대한 인텔리전스 수집에 자원을 집중한다. 그리고 이를 활용해 특수 임무 운영을 주도한다.

이 프로세스의 여섯 가지 구성 요소는 운영과 인텔리전스 간에 동일하게 구분할 수 있다.

- 운영^{operation}
  - 찾기^{find}
    - 운영에서 우선순위들은 무엇인가?
    - 조직에서 해결하려는 문제는 무엇인가?
  - 조치^{fix}
    - 필요한 정보를 어디에서 찾을 수 있는가?
    - 우리가 확인한 문제는 어디에 있는가?
  - 완료^{finish}
    - 문제에 대한 답은 무엇인가?
    - 문제를 어떻게 해결할 것인가?
    - 이해관계자들에게 무엇이 완료의 정의인가?
- 인텔리전스^{intelligence}
  - 공격^{exploit}
    - 운영에 대한 모든 정보는 어디에 있는가?
    - 분석에 필수적인 정보는 무엇인가?

- **분석**analyze

  - 이러한 작업에서 무엇을 배웠는가?

  - 이해관계자에게 어떤 정보가 필요한가?

  - 이 정보는 어떻게 표현되는가?

- **배포**disseminate

  - 이 정보를 누가, 언제 알아야 되는가?

F3EAD 프로세스는 전술적 단계와 운영 단계 간의 인텔리전스 프로세스 통합으로 생각할 수 있다. F3EAD 프로세스는 인텔리전스 사이클에서 인텔리전스의 기능, 하위 프로세스 또는 지원 프로세스에 대한 주요 프로세스 수립 방법의 다른 방안으로 생각할 수 있다.

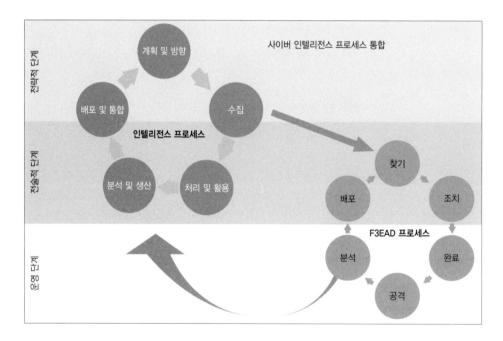

앞 그림의 인텔리전스 사이클의 **전략적 단계**와 **전술적 단계**에서 **계획 및 방향 프로세스가 운영 단계**에서 수집할 필요가 있는 인텔리전스 정보가 무엇인지 접근 방식을 설정한다. **수집** 작업은 운영 팀에서 담당하고, F3EAD 프로세스의 **찾기** 단계가 시작된다. F3EAD 프로세스를 진행하면서 운영 팀은 특정 시스템을 **조치**하고, 처리한다(완료 단계). 그리고 학습한 교훈을 적용해 추가적인 정보 **공격**해 **분석** 단계로 보낸다. **분석** 정보가 **전술적 단계** 인텔리전스 사이클로 되돌아가는 것에 주목하자. **전술적 단계**에서는 다른 팀들의 여러 분석 정보를 검토하고자 모아서 다른 팀들에 배포하며, **전략적 단계**, **전술적 단계** 또는 **운영 단계**에서 활용한다.

▌ 실제 F3EAD

다음은 인텔리전스 사이클과 F3EAD의 통합 방법을 설명하는 기본 예다.

시나리오

RonV 사는 2018년 남극 대륙에서 가족기업으로 시작했고, 부품 제조업으로 전 세계에서 활동하는 기업으로 전환했다. 사이버 공격에 대한 우려가 커지면서 RonV는 보안 서비스를 중앙 집중화하고, 본사에서 회사의 보안 상태 모니터링을 수행하려고 노력하고 있다. 수년 동안 인수 합병을 통해 비즈니스가 추가되면서 IT 아키텍처가 매우 복잡해졌다. 회사 CIO는 CIS 핵심 보안 통제에 따라서 인가된 하드웨어와 소프트웨어를 목록화할 수 있는 기능을 갖췄고, 또한 네트워크에서 인가되지 않은 하드웨어와 소프트웨어를 차단하기 위한 방법을 갖췄다. 이제는 회사에서 가장 핵심적인 응용 프로그램을 찾아서 어떤 응용 프로그램이 어디에 있는지 위치를 알 수 있다.

- CIO는 **전략적 단계** 우선순위 정보 요구 사항을 **전술적 단계** 리더에게 전달한다.
  - 비즈니스에 중요한 응용 프로그램은 무엇이며 어디에 있는가?
  - 형식: 앱 이름, 위치한 지역, 거주 국가

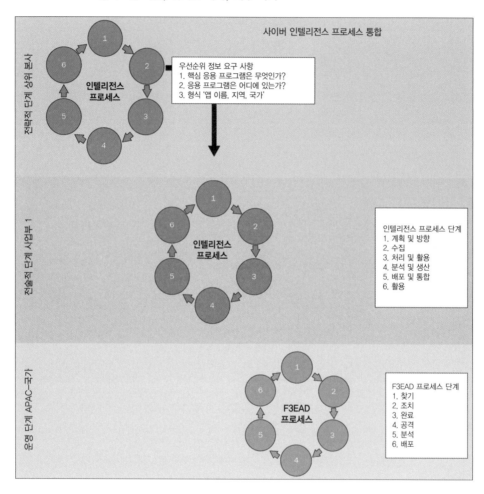

- **전술적 단계** 대표는 **운영 단계** 리더들에게 정보 요구 사항의 우선순위를 만들어 비즈니스 부서의 정보를 요청한다.
  - 비즈니스에 중요한 응용 프로그램은 무엇이며 어디에 있는가?
  - **형식: 앱 이름, 위치한 지역, 거주 국가**

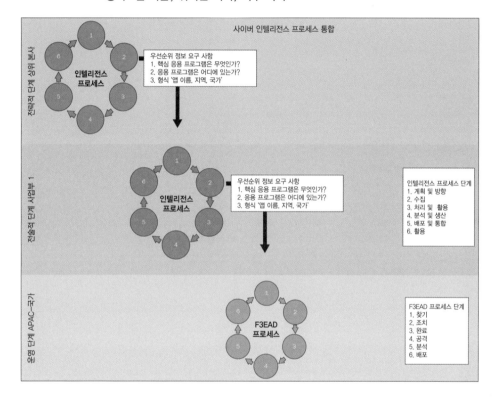

- **운영 단계** 대표는 **전술적 단계**의 정보 요구 사항을 받아서 F3EAD프로세스를 수행한다.
  - **발견**[find]: 비즈니스에 중요한 응용 프로그램은 무엇이며 어디에 있는가?
  - **조치**[fix]: 응용 프로그램 레지스트리를 조사하고, 핵심으로 구분되는 응용 프로그램 찾기
  - **완료**[finish]: 현재 보유하고 있는 핵심 응용 프로그램 정보 수집

○ **공격**exploit: 필요한 정보만 제공하도록 걸러내고, 분석 준비를 위해 중앙 집중화된 영역에 배치함

○ **분석**analysis: 정보를 보강하고, 고객에게 전달할 수 있는 유용한 형식으로 제공

 — **형식**format: **앱 이름, 위치한 지역, 거주 국가**

○ **배포**disseminate: 전술적 운영에 정보를 제공함

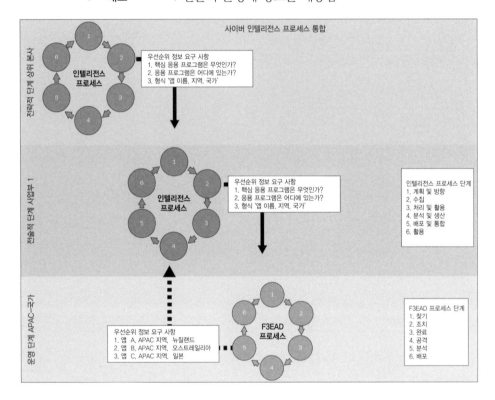

- 일단 전술적 운영이 **운영 단계**로부터 정보를 받으면 수행을 위한 **전략적 단계**로 전달될 수 있도록 조정과 통합을 위한 추가적 분석이 수행된다. 결과는 다음과 같다.

 ○ 사업 부문 1:

 — 앱 A, APAC 지역, 뉴질랜드

- 앱 B, APAC 지역, 오스트레일리아
- 앱 C, APAC 지역, 일본
- 앱 A, EMEA 지역, 프랑스
- 앱 B, EMEA 지역, 독일
- 앱 C, EMEA 지역, 스위스

○ 사업 부문 2:
- 앱 A, LATAM 지역, 베네수엘라
- 앱 C, LATAM 지역, 칠레
- 앱 C, NAM 지역, 미국
- 앱 C, NAM 지역, 캐나다

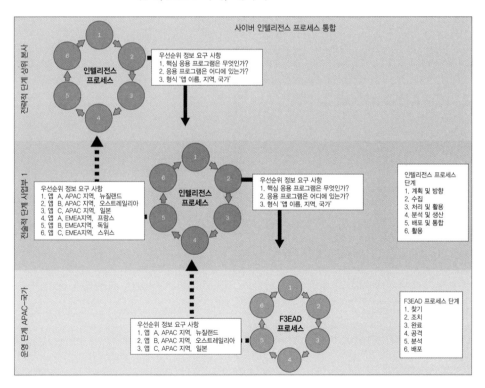

이제 CIO는 전술적 리더들로부터 필요한 형식으로 정보를 제공받게 됐으며, 비즈니스에 중요한 응용 프로그램 보호 계획에서 다음 단계로 나아갈 수 있다.

이러한 시나리오는 매우 기본적인 것이지만, 운영할 때 네트워크를 보호하고 기능을 구현하고자 SMART 목표와 능력 성숙도 모델을 활용해 F3EAD 프로세스를 통합할 수 있는 방법을 이해해야 한다. 그리고 F3EAD가 큰 그림에 적합한지 잘 이해하려면 1~4장의 OODA, OPSEC, 사이버 킬 체인에서 학습한 다른 프로세스와 개념들을 연관시킬수 있어야 한다.

6장 이후에서는 F3EAD프로세스를 전술적 단계와 운영 단계를 연결하는 프로세스로서 살펴볼 것이다.

▌ F3EAD와 사이버 킬 체인

군대의 각 군은 자체의 특수 부대를 보유하고 있다(예를 들어, 미해병대 레이더스, 미해군 네이비실, 미육군 그린베레). F3EAD는 운영 단계에서 실행되는 인텔리전스 프로세스로서 사이버 킬 체인의 여러 단계와 관련되고 특정 팀과 매핑돼 방어 기능을 수행할 수 있다.

사이버 킬 체인과 OODA 의사결정 모델

1~4장에서 봤듯이 사이버 킬 체인은 목표가 시스템이든 사람이든 관계 없이 목표를 활용하는 데 필요한 논리적인 단계로 구성된다. 적들의 공격 단계들을 이해함으로써 각단계가 OODA 의사결정 모델의 단계와 매핑 방법을 살펴볼 수 있다.

위협을 OODA 의사결정 모델과 사이버 킬 체인을 어떻게 연관 지을 수 있는지 살펴보자.

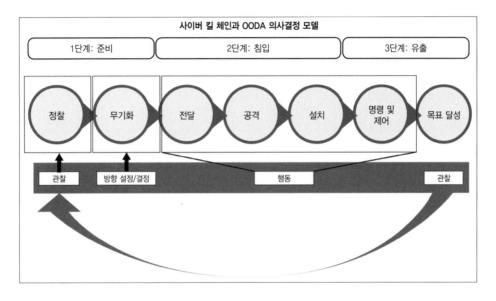

사이버 킬 체인 1단계:

- **정찰**reconnaissance은 **관찰**observe이다. 위협은 목표를 공격할 수 있는 취약점을 찾고 있기 때문이다.
- **무기화**weaponization는 **방향 설정**orient이다. 공격을 위해 대상 우선순위화를 해야 하기 때문이다.
- 또한 **무기화**weaponization는 **결정**decide이다. 일단 위협이 대상에 침투하는 방법을 우선순위에 두면 배치를 준비하기 위한 수단을 찾게 될 것이다.

사이버 킬 체인의 2단계와 3단계:

- **행동**act은 **전달**delivery ❯ **공격**exploitation ❯ **설치**installation ❯ **명령 및 제어**command and control 와 매핑된다. 왜냐하면 성공적으로 시스템 침입을 시작하고, 시스템에 침해를 주려고 취하는 단계이기 때문이다.

- 일단 위협이 목표 시스템에 접근해 통제할 수 있게 되면 **목표 달성**actions on objective 단계와 대응되는 **관찰**object로 다시 되돌아온다. 이제 위협은 그들의 이익을 위한 자원을 공격하려고 추가적인 기회를 모색하기 때문이다.

사이버 킬 체인과 OPSEC

사이버 킬 체인과 OODA를 매핑했고, 이제 이러한 작업들이 어떻게 OPSEC 프로세스로 적용되는지 살펴보자.

1. 핵심 정보와 시스템 식별
   - 핵심 정보는 어디에 있으며 핵심 정보를 지원하는 시스템은 무엇인가?
2. 위협 분석
   - 누가 우리 정보를 원하며 이유는 무엇인가?
   - 일반적으로 어떻게 동작하는가?
3. 취약점 분석
   - 우리 방어 대책의 틈은 어디에 있는가?
   - 우리가 부족한 역량은 무엇인가?
4. 위험 평가
   - 조직의 핵심 시스템에 영향을 줄 수 있는 취약점을 악용할 가능성은 얼마나 되는가?
5. 적절한 대책 적용
   - 잠재적인 공격 기회들을 어떻게 사전에 대응할 수 있는가?
   - 사이버 킬 체인의 각 단계를 어떻게 모니터링, 의사소통, 완화시킬 수 있는가?

사이버 킬 체인의 1단계에서 4단계까지 이해하고 평가하게 되면 이제 5단계에 답변할 수 있다.

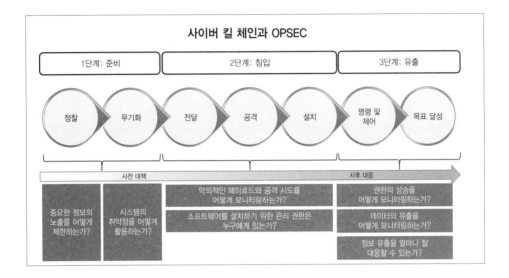

사이버 킬 체인과 인텔리전스 사이클

일단 사이버 킬 체인의 여러 단계들을 살펴보고 OPSEC 5단계에 특정 질문들을 매핑시켜 보면 **전략적 단계**와 **전술적 단계**에서 여러 질문에 해답이 되는 데이터 수집 방법을 살펴볼 수 있다.

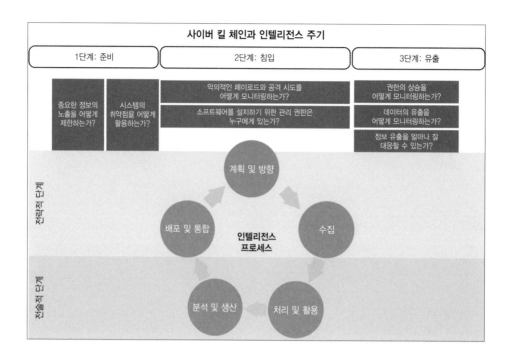

사이버 킬 체인과 F3EAD

전략적 및 전술적 단계에서 계획과 방향 수립이 완료되고 우선순위를 지정한 후 수집 작업은 운영 단계로 내려가서 F3EAD 프로세스를 활용하고, 분석 내용들을 상위 단계의 인텔리전스 프로세스에 제공한다.

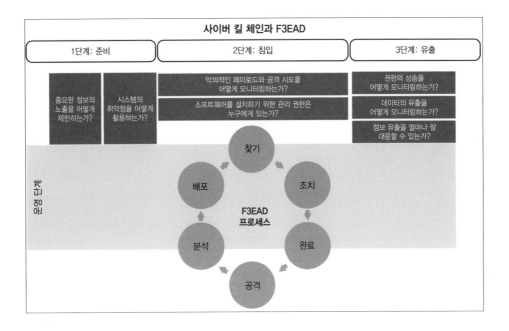

▌ 상업 영역에서 F3EAD 적용

전쟁 중에는 공통의 적이 있으며, 그들의 방식대로 전쟁을 한다. F3EAD는 공통의 적을 지속적으로 연구하고, 지휘관은 적을 이기는 방법을 찾는 데 도움이 되는 인텔리전스를 지속적으로 수집한다.

대부분 조직이 특정 위협 대상이 되는 전용 자산을 보유하고 있지 않기 때문에 상업적 영역에서 F3EAD를 프레임워크로 사용했다면 활용하기 매우 어려울 것이다.

상업적인 영역에서 F3EAD 프로세스를 계획하는 방법은 다음과 같다.

1. **전문 팀**: 우선순위가 반영된 요구 사항을 기반으로 전술적 단계에서 목표에 대한 운영 정보를 제공한다.

2. **목표 역량 프로젝트 계획**: 조직 내 사이버 인텔리전스 역량을 개발하는 방법을 살펴볼 수 있다.
3. **사고 대응을 위한 IT 운영/보안 통합**: 사고 대응에 전체적인 접근을 제공한다.

특수 부대 커뮤니티에서 F3EAD 프로세스의 동작 방식을 설명하는 가장 좋은 방법은 DevOps 또는 DevSecOps 커뮤니티에서 애자일 선언^{Agile Manifesto}[1]과 같다.

- 이것은 조직 문화로서 각 구성원 간 의사소통 목표로서 연락선을 수립하고, 조직의 성공을 보장하기 위해 각 구성원이 책임을 이해하고 임무를 달성할 수 있다.
- 우선적인 목표에 관한 정보 수집이 조직의 이해관계자들의 임무 달성에 결정적인 조치를 취할 수 있음을 이해하는 것이다.
- 일단 결정적인 조치가 취해지면 그 결과 정보는 다음 목표에 대한 조치를 취하는 데 도움이 될 것이다.

지금까지 배운 모든 프로세스는 사이버 인텔리전스를 운영과 보안 사이의 동력으로서 활용할 수 있는 이론적 방법이다. 작업의 우선순위 수립의 중요성을 알 수 있다면 모든 관계자들과 의사소통해 운영 단계에서 전술적 단계까지 실용적인 정보 수집을 시작하고, 팀으로 성장하며 공동 작업을 수행하고 하나의 팀으로 움직일 수 있다.

F3EAD의 한계

모드 프로세스와 마찬가지로 F3EAD는 몇 가지 한계가 있다.

1. 인텔리전스는 정보를 가져오는 원천지가 중요하다. 최상위 인텔리전스가 정확하지 않으면 운영 팀의 목표 달성 수행에 자원이 낭비된다.

---

1 애자일(agile)은 '민첩한', '기민한'이라는 뜻이며, 프로젝트 관리 방법론으로 제품 또는 서비스 개발 중 지속적으로 개선을 시도하는 것을 말한다. '애자일'이라는 용어는 대형 소프트웨어 시스템 개발에 관한 논문을 발표한 윌리엄 로이스(William Royce)가 1970년대에 처음으로 언급했고, 2001년 소프트웨어 개발자들이 '소프트웨어 개발에 대한 반복적이고 사람 중심적인 접근 방식을 인도하기 위한 4가지 핵심 가치와 12가지 원칙' 애자일 매니페스토(Agile Manifesto)를 발표했다. - 옮긴이

2. 전술적 단계부터 우선적인 정보 요구 사항은 팀을 위해 활용할 수 있는 패키지로 분류돼야 한다. 그렇지 않으면 다른 팀들이 몇 가지 사항에 초점을 맞추지 못할 것이다.

3. 목표는 명확히 정의돼야 하며, 초기에 완료의 정의가 설정돼야 하며, 그렇지 않으면 다른 팀들은 변화하는 목표에 자원을 낭비하게 된다.

4. 팀의 모든 구성 요소 간의 의사소통은 유연하면서 투명해야 하며, 팀 내 각 부서의 의사결정이 요구되기 때문이다.

▌ 요약

5장에서 F3EAD 프로세스의 개략적인 내용과 군 특수 부대의 프로세스 적용을 살펴봤다. F3EAD 프로세스가 더 큰 그림에 적용하기 위한 방법을 보다 잘 이해하고자 1~4장에서 논의한 개념을 활용해 하향식으로 서술했다. F3EAD는 인텔리전스 사이클 안에서 전술적 단계의 수집 우선순위를 받고, 전술적 단계에서 분석 단계로 출력하는 프로세스의 변형 또는 하위 프로세스로 간주할 수 있다. 사이버 킬 체인은 적군의 관점에서 조직을 공격하는 데 필요한 단계들의 예다. OODA 의사결정 모델의 각 단계를 매핑해 의사결정 프로세스를 시각화했다. 다음으로 사이버 킬 체인의 각 단계들을 OPSEC과 연관시켰으며, 인텔리전스 사이클이 대책 수립에 어떻게 매핑할 수 있는지 맥락을 제시했다. 그 다음으로 F3EAD가 운영 단계부터 분석에 필요한 정보를 제공해 전술적 및 전략적 인텔리전스 프로세스 적용 방법을 배웠다.

6~7장에서는 도구들을 통해 확보할 수 있는 특정 정보들을 더욱 잘 구현하기 위한 방법을 살펴볼 것이다. 우리가 원하는 특정 정보는 전문 팀과 여러 인텔리전스에서 얻는다. 다양한 유형의 인텔리전스가 있으며, 전략적인 목표 역량을 충족하기 위해 각 팀별로 마일스톤과 함께 능력 성숙도 모델의 예를 소개할 것이다.

먼저 **사이버 위협 인텔리전스**를 기업의 운영과 통합하는 방법을 이해해 보자.

위협 인텔리전스와 운영 통합

6장에서는 위협 인텔리전스를 사이버 인텔리전스 프로그램에 어떻게 통합하는지 소개한다.

6장에서 다룰 내용은 다음과 같다.

- 위협 인텔리전스 개요
- 위협 인텔리전스 정보
- 정보 공유 및 분석 센터
- 능력 성숙도 모델capability maturity model – 위협 인텔리전스 통합

위협 인텔리전스의 이해

위협 인텔리전스인지 아닌지 판단하는 것에 대한 의견이 많다. 필자는 여전히 보안 조직에서 임원들과 이 판단의 결정을 못하고 있다. 위협 인텔리전스는 사고 대응 도구 모음의 일부인가? 취약점 관리 도구 모음의 일부인가? 보안 운영 센터에 속해 있는가? 위험에 속한 것일까? 자체 서비스일까? 누구와 이야기하는가에 따라 각 시나리오별로 사례를 만들 수 있다.

필자는 앞선 모든 질문에 답이 될 만한 유용한 위협 인텔리전스 피드/도구에서 정보가 나온다고 생각한다. 그리고 이런 피드의 정보는 모든 팀에서 활용할 수 있도록 맞춰져야 한다. 1~5장에서 조직의 상위 계층이 어떤 결정을 할 때 이해관계자가 활용 가능한 정보를 제공하는 것이 중요하다는 점을 배웠다.

전술적 수준에서 운영 수준까지 활용 가능한 정보를 제공하는 수단으로 위협 인텔리전스를 볼 수 있다.

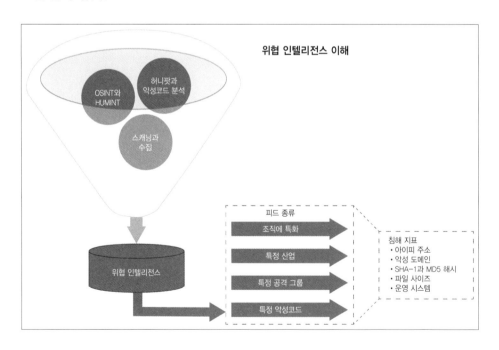

어떻게 하는 것인가? 먼저 위협 인텔리전스가 무엇인지부터 시작해 보자. 가트너 (https://www.gartner.com/en/documents/2941522)에서는 위협 인텔리전스를 다음과 같이 정의한다.

> "맥락(context), 메커니즘, 지표, 영향, 활용 가능한 조언을 포함한 증거 기반 지식, 자산에 이미 있거나 새롭게 등장한 위협적인 존재나 위험이라고 결정할 때 사용할 수 있는 것"

증거 기반evidence-based 지식은 여러 수단을 통해 수집되며, 아래에서 찾을 수 있다.

- 허니팟
- 악성코드 분석
- 오픈 소스
- 인적 인텔리전스human intelligence
- 스캐닝
- 수집

수집된 정보에는 특정 위협과 관련된 **침해 지표**IoC, Indicators of Compromise 항목이 포함된다. 다음은 IoC의 예다.

- IP 주소
- 악성 도메인/URL
- SHA−1과 MD−5 해시
- 파일 크기
- 운영 체제 정보

에리카 치코브스키Ericka Chickowski는 다크 리딩Dark Reading의 기사에서 다음과 같은 15가지 핵심 IoC을 강조했다.

- 비정상적으로 나가는 네트워크 트래픽
- 권한 있는 사용자 계정 활동에서 비정상 징후
- 지리적 불규칙
- 기타 로그인 경고 플래그
- 데이터베이스 읽기 볼륨의 증가
- HTML 응답 크기
- 동일한 파일에 대한 많은 요청
- 포트 응용 프로그램 트래픽 불일치
- 의심스러운 레지스트리 또는 시스템 파일 변경
- 비정상적인 DNS 요청
- 예기치 않은 시스템 패치
- 모바일 장치 프로필 변경
- 잘못된 위치에 있는 데이터 모음
- 비인간적인 행위가 있는 웹 트래픽
- DDoS 활동의 징후

 에리카 치코브스키의 15개 침해 지표
https://www.darkreading.com/attacks-breaches/top-15-indicators-of-compromise/d/d-id/1140647

위협 인텔리전스 정보를 폭넓은 특정 고객에게 전달하는 데 전념하는 조직과 사람들이 있다. 이런 피드에는 다음과 같이 특화돼 있다.

- 산업
- 공격 그룹
- 악성코드

오픈 소스 또는 업체가 제공하는 서비스에서 위협 피드를 찾을 수 있다. 하지만 조직에서 위협 인텔리전스 기능을 구축해야 위협 피드를 이용해 조직과의 연관성을 높일 수 있다.

▌ 능력 성숙도 모델 – 위협 인텔리전스 개요

위협 인텔리전스는 올바르게 사용하면 훌륭한 도구다. 전 세계 사람들과 이야기하면서 위협 인텔리전스 기능이 있더라도 실제 그들이 가진 정보를 보고 목적으로만 이용하고 있다는 문제가 있음을 알게 됐다. 도움이 되지 않는 것이 하나 있다면 **보고하기 위한** 보고서다. 우리가 사용하는 도구에서 얻은 정보를 활용할 수 없다면 보고서를 정리하는 데 시간과 노력이 낭비된 것이다!

요점은 일단 정보에 대해 말하면 팀에서는 활용할 수 있는 가장 실용적인 항목을 제공하고자 정보를 분석하길 원한다. 하지만 그렇게 하기 전에 정보를 어디서 얻을 수 있는지, 필요한 정보를 어떻게 얻을 수 있는지 알아야 한다.

위협 인텔리전스에서 몇 가지 문제를 구체적으로 다루고자 2단계 능력 완성도 모델을 만들었다.

능력 성숙도 모델 – 위협 인텔리전스

- **1단계**: 위협 인텔리전스 수집 기능
  - 이 단계에서는 필요한 정보를 수집하고 조직과 관련된 능력을 성숙시키는 단계를 논의한다.
- **2단계**: 위협 인텔리전스 통합 및 배포
  - 이 단계에서는 수집한 정보를 갖고 운영 팀에 통합할 수 있는 프로세스를 발전시키는 과정을 경험할 것이다.

○ 그리고 운영 팀의 결과물로 기대할 수 있는 것과 모든 수준의 의사결정에서 사용할 수 있도록 정보를 위협 인텔리전스 대시보드로 모으는 방법도 논의할 것이다.

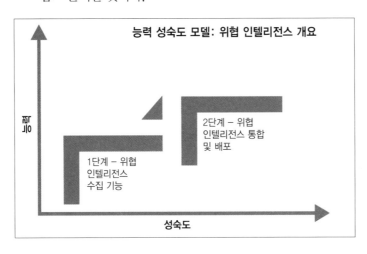

1단계 – 위협 인텔리전스 수집 기능

위협 인텔리전스 1단계는 조직의 수집 기능을 구축하는 것이다. 이 단계는 4단계로 구성된다.

1. 초기 단계
2. A단계
3. B단계
4. C단계

작은 것에서부터 시작해 인텔리전스를 수집하지 않는 단계로, 많은 정보를 수집하는 단계로, 그리고 최종적으로 조직에 유용한 인텔리전스 제품을 준비하고자 불필요한 정보를 걸러내기 위함이다.

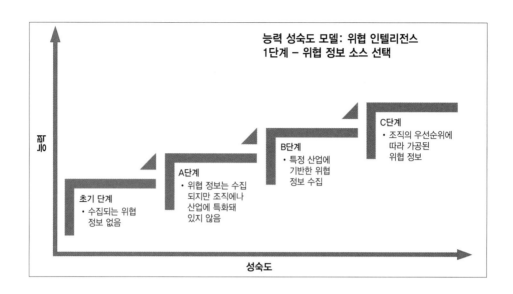

초기 단계

이 단계에서 조직은 위협 인텔리전스 기능을 갖고 있지 않다.

초기 1단계의 목표는 위협 인텔리전스 피드를 확인하는 것이다.

그러면 어디서부터 시작해야 할까? 피드를 찾아보자.

많은 피드가 있으며 다음에 소개하는 것들은 위협 정보를 얻을 수 있는 몇 가지 예다.

예제 1 – 위협 정보 교환 오픈 소스 – 에일리언 볼트

오픈 위협 교환open threat exchange을 대표적인 예인 에일리언 볼트AlienVault는 세계 최초의 진정한 오픈 위협 인텔리전스 커뮤니티다. 열정적인 보안인, 연구원 및 보안 전문가를 포함한 6만 5,000명이 넘는 사람들이 전 세계적으로 사용한다. 커뮤니티를 기반으로 사용자가 정보를 제공한다. 하지만 문제가 있을 수 있으니 조심하자(https://www.alienvault.com/).

에일리언 볼트 대시보드

제공되는 대시보드는 비교적 이해하기 쉽다.

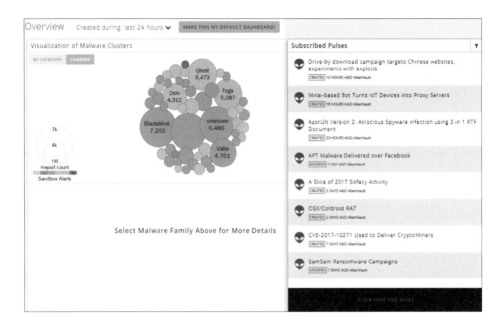

사용자는 다음 두 가지 방법으로 **악성코드 시각화**를 사용할 수 있다.

- 카테고리별BY CATEGORY

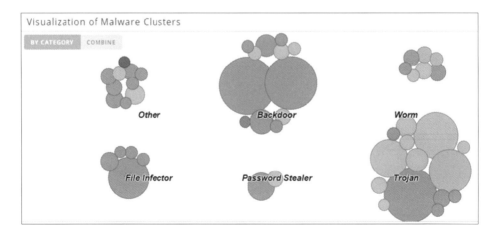

앞의 예제는 지난 24시간 이내에 보고된 행위를 기반으로 한 것이다. 클러스터 내의 특정 버블을 클릭하면 보고된 악성코드의 유형 정보가 자세히 표시된다. 다음 예제는 **패스워드 스틸러**Password Stealer와 **백도어**Backdoor 클러스터를 선택한 것이다. **특징**Features과 **연관 펄스**Related Pulses[1] 섹션을 주목하라.

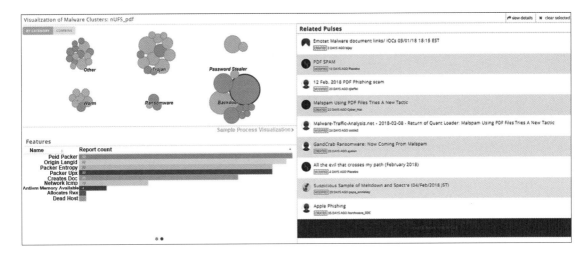

특징에서 보고된 nUFS_pdf 악성코드와 관련된 이름을 표시해 준다.

연관 펄스에서는 특정 악성코드에 대해 보고된 내역을 표시해 준다.

- **통합**COMBINE: 지난 24시간 동안 보고된 클러스터의 모든 악성코드를 보여 준다. 버블의 크기로 보고 횟수를 표현한다. 버블이 클수록 더 많은 보고가 있었다는 것이다. 즉 피드에 보고된 악성코드 중 어떤 것이 활동 중인지, 어떤 것이 활동 중이 아닌지, 또는 더 이상 활동하지 않는지에 관한 악성코드 활동 상태를 시각화한 것이다.

---

1 펄스(pulses)는 맥박을 의미하며, 주기적으로 정보를 제공하는 것으로 생각하면 된다. – 옮긴이

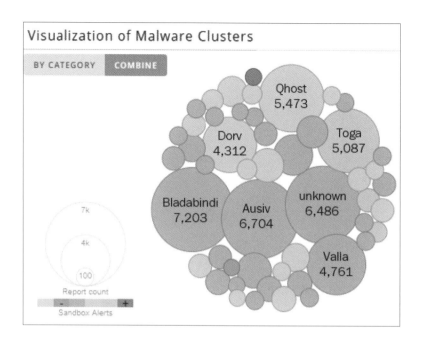

에일리언 볼트 펄스

에일리언 볼트 OTX는 펄스를 이용해 위협 및 IoC에 대한 높은 수준의 정보를 주기적으로 제공한다. 나중에 오픈 소스 방화벽인 피에프센스^{pfSense}와 다른 오픈 소스 위협 탐지 엔진인 수리카타^{Suricata}와 같은 일부 네트워크 보안 도구에 통합할 수 있다.

138

펄스는 다음과 같이 나눌 수 있다.

- **특정 사용자 기여**user-specific contribution : 보안 연구원들이 다른 사용자들이 그들의 위협 인텔리전스 분석 프로세스에서 사용할 수 있도록 발견한 내용을 게시한다.

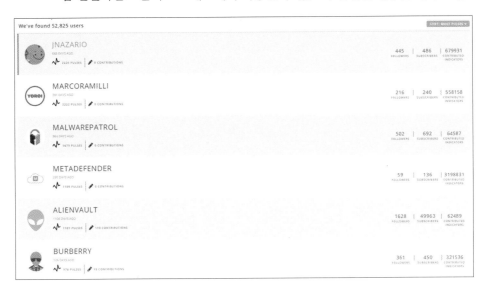

- **관심 그룹**grroup-based on interest : 보안 연구 그룹에서 다른 사용자들이 그들의 위협 인텔리전스 분석 프로세스에서 사용할 수 있도록 발견한 내용을 게시한다.

- **지표**indicator : 악성코드 또는 공격에 대한 위협 인텔리전스 연구의 범위를 좁히기 위한 지표로 사용한다.

- **악성코드 분류**malware family : 악성코드의 유사도에 따라 분류한 것이다.

- **산업**industry: 특정 산업별로 위협 인텔리전스 피드를 볼 수 있다.

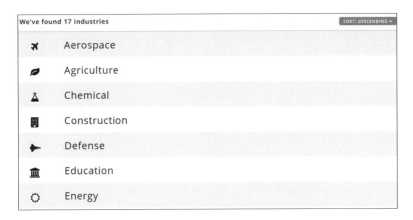

- **공격 그룹**adversary: 특정 공격별로 위협 인텔리전스 피드를 볼 수 있다.

예제 2 – 트위터

소셜 미디어는 강력한 커뮤니케이션 도구다. 트위터는 140자 미만의 정보가 빠르게 확
산된다. 정보 보안 연구원, 회사, 키워드 등을 팔로우해서 세계에서 벌어지는 일에 대한
최신 트윗을 얻을 수 있다. 누군가가 자신의 트윗에서 키워드로 해시 태그할 수 있기 때
문에 걸러내야 할 정보가 많다는 사실을 미리 주의해야 한다.

하지만 때때로 활용할 만한 좋은 정보를 얻을 수 있다. 다음은 검색할 수 있는 몇 가지 예다.

- #0day
- #zeroday
- #exploit
- #vulnerability
- #threatintel
- #infosec

> ⓘ 다람쥐가 사이버 공격보다 미국의 중요한 기반 시설에 더 큰 위협이 된다는 것을 알고 있는가? 스턱스넷(Stuxnet)은 잊어 버려라. 다람쥐가 진짜 문제이며 분명히 이들이 **산업 제어 시스템**(ICS, Industrial Control System) 사이버 전쟁에서 이기고 있다.
>
> @CyberSquirrel1
>
> #Cyberwar4ever

트윗덱

OSINT를 할 때 트윗덱TweetDeck(https://tweetdeck.twitter.com/)을 즐겨 이용한다. 무료이고 전체 트위터 피드와 각 해시태그를 검색하는 번거로움을 피할 수 있다. 트윗덱을 사용하면 검색할 항목을 칼럼에 추가할 수 있다.

다음은 팔로우하고 있는 해시태그마다 칼럼을 만든 것이다.

- #0day
- #zeroday
- #ThreatIntel

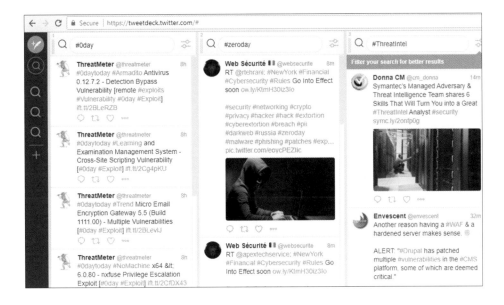

다양한 트위터 기능을 이용해 특정 속성을 기반으로 트윗을 필터링할 수 있다.

- **위치**location: 특정 위협이 특정 지역에서 왔는지 확인한다.

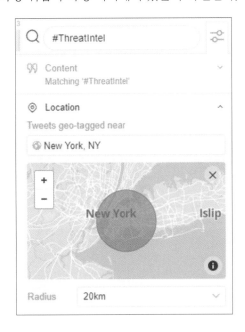

- **사용자**user: 관심 있는 그룹 또는 사용자를 지정한다.

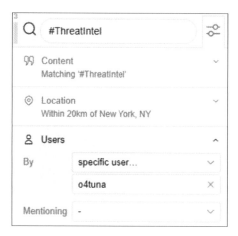

- **참여**engagement: 리트윗된 횟수로 필터링한다.

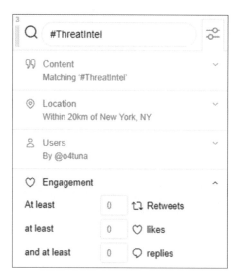

예제 3 - 정보 공유 및 분석 센터

정보 공유 및 분석 센터ISAC, Information Sharing and Analysis Centers는 특정 회원 조직에 피드를 제공하는 위협 인텔리전스의 또 다른 소스다. 이런 조직은 금융, 제조 또는 방위와 같은 부문별로 구분되며, 가장 최근의 위협 피드는 회원에게 제공한다.

다음은 ISAC 전국 협의회 목록이다.

- **자동차 ISAC**: www.automotiveisac.com
- **항공 ISAC**: www.a-isac.com
- **의사소통 ISAC**: www.dhs.gov/national-coordinating-center-communications
- **방어 산업 기반 ISAC**: www.dibisac.net
- **다운스트림 천연가스 ISAC**: www.dngisac.com
- **전기 ISAC**: www.eisac.com
- **비상 관리 및 대응 ISAC**: www.usfa.dhs.gov/emr-isac
- **금융 서비스 ISAC**: www.fsisac.
- **건강 관리 ISAC**: www.healthcareready.org
- **정보 기술 ISAC**: www.it-isac.org
- **해양 ISAC**: www.maritimesecurity.org
- **다중 상태 ISAC**: www.ms-isac.org
- **국립 방어 ISAC**: www.ndisac.org
- **국립 건강 ISAC**: www.nhisac.org
- **석유 및 천연가스 ISAC**: www.ongisac.org
- **부동산 ISAC**: www.reisac.org
- **연구 및 교육 네트워크 ISAC**: www.ren-isac.net
- **소매점 사이버 정보 공유 센터**: www.r-cisc.org
- **지상 운송, 대중 교통 및 국외 버스 ISACS**: www.surfacetransportationisac.org
- **수력 ISAC**: www.waterisac.org

예제 4 – 뉴스 알림

다른 정보는 검색 기준에 따라 이메일을 보내는 것이다.

다음은 구글 알리미Google Alerts를 사용하는 예다.

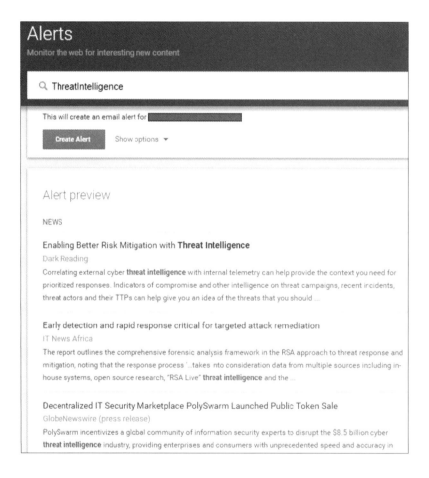

이런 방법은 도움이 되지만 실제로 받고자 하는 것을 구체적으로 조건을 걸어 두지 않으면 받은 편지함이 가득 차게 된다. 예를 들어 위협 인텔리전스라는 키워드는 뉴스를 받아보기에 매우 광범위한 쿼리다. 위협 인텔리전스를 아프리카로 한정 지어 아프리카의 기사로 제한하는 것이 좋다.

예제 5 - RSS 피드

리치 사이트 요약^{RSS, Rich Site Summary} 피드는 컴퓨터가 읽을 수 있는 형식으로 다양한 소스의 정보에 대한 업데이트를 접근하는 데 널리 사용된다. 많은 사이버 보안, 산업 보안, 뉴스 조직뿐만 아니라 다른 그룹도 최신 RSS 피드를 통해 최신 콘텐츠를 얻을 수 있다.

다음은 시작해 볼 수 있는 몇 가지 예다.

- 정부 방어
  - 국가 취약점 데이터베이스: https://nvd.nist.gov/download/nvd-rss.xml
  - US CERT 국가 사이버 공지 시스템 알림: https://www.us-cert.gov/ncas/alerts.xml
  - US CERT 국가 사이버 공지 시스템: 현재 행위: https://www.us-cert.gov/ncas/current-activity.xml
- 제품 보안
  - 위협 관련 글: https://www.kaspersky.com/blog/feed/?_=9489
  - 어도비 제품 보안 사고 대응 팀: http://blogs.adobe.com/psirt/?feed=rss2
  - 시스코 보안 공지: http://tools.cisco.com/security/center/psirtrss20/CiscoSecurityAdvisory.xml
  - 체크포인트 보안 업데이트 공지: http://www.checkpoint.com/defense/advisories/public/smartdefense_atomz.xml
- 정보 보안 그룹
  - 최신 해킹 뉴스: https://newsblur.com/site/6044769/latest-hacking-news
  - 해커 뉴스: http://feeds.feedburner.com/TheHackersNews

이런 피드를 병합해 둘 곳이 필요할 때 다음과 같은 RSS 리더를 이용한다.

- **피들리**: www.feedly.com
- **뉴블러**: www.newsblur.com
- **디그**: www.digg.com
- **이노리더**: www.inoreader.com
- **올드리더**: www.theoldreader.com/
- **지투리더**: www.g2reader.com
- **피더**: www.feeder.co

선택한 RSS 리더에서 한 번에 하나씩 여러 RSS 피드에서 키워드나 주제를 필터링할 수 있다.

A단계

이제 위협 인텔리전스를 어디에서 얻는지 조사했으니 엄청난 정보가 우리에게 올 것이라는 걸 짐작할 수 있다. 조직과 연관된 정보의 관련성을 확인하기 전에 이제는 모든 정보를 수집할 수 있어야 한다. 분석 준비 단계에서 모든 데이터를 병합하는 데 사용할 **플랫폼**을 확인하면 A단계가 완료된다.

1단계 A단계의 목표:

- 위협 인텔리전스 플랫폼 식별
- 원시 위협 인텔리전스 데이터 사용 시작

 위협 인텔리전스 플랫폼은 여러 정보/소스 피드를 병합해 처리, 분석하고 배포할 수 있도록 도와주는 도구다.

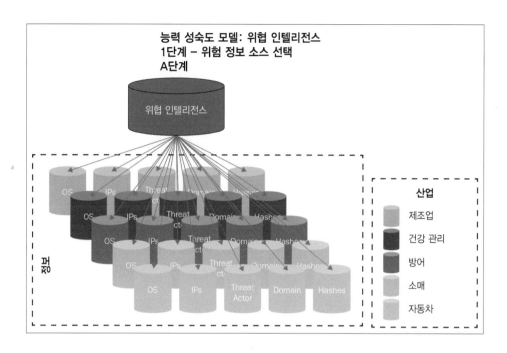

위협 인텔리전스 플랫폼에는 많은 프리미엄 옵션이 있지만, 여기에서는 커뮤니티 중심의 오픈 소스 위협 인텔리전스 플랫폼을 다루겠다.

들어오는 정보를 더 잘 이해하고자 위협 피드 정보를 처리하기 위한 프레임워크가 필요하다. 이것이 플랫폼이 딱 맞는 곳이다. 이런 도구는 구조화되고 비정형화된 위협 인텔리전스를 가져와서 보안 분석가나 팀 구성원이 검토할 수 있는 형식으로 저장한다. 데이터를 풍부하게 하고자 프레임 워크는 제출된 유사한 IOC에 대해 제3자와 조화를 이루어 이해관계자가 잠재적인 위협에 우선순위를 부여하거나 해결할 수 있도록 한다.

예제 1 – 시스코 GOSINT 플랫폼

GOSINT 프레임 워크는 고품질의 IoC를 수집, 처리, 내보내기하는 데 사용할 수 있는 시스코의 프로젝트다.

- **깃허브 웹 사이트**: https://github.com/ciscocsirt/gosint
- **문서**: http://gosint.readthedocs.io/en/latest/

예제 2 – 악성코드 정보 공유 플랫폼 프로젝트

위협 인텔리전스 공유에 특화된 오픈 소스 소프트웨어 중 하나인 MISP^{Malware Information Sharing Platform} 프로젝트가 있다. 플랫폼의 기본 목표는 실용적으로 유지함으로써 위협 정보 정보를 조직에 유용하게 만드는 것이다. IOC는 IDS나 SIEM에서 사용하고자 데이터의 상관관계 및 자동화를 할 수 있는 방식으로 제공된다. 그리고 MISP 프로젝트는 커뮤니티의 의견과 협업으로 유지되는 도구다.

자세한 내용은 다음 사이트를 참조하자.

http://www.misp-project.org/.

B단계

B단계에서 조직에 잘 적용하고자 우리가 받는 정보를 걸러내기 시작해야 한다. 다음 예는 현재 어떤 조직에서 수집된 위협 인텔리전스를 분류하고 있는 것이다. 이 경우 OS, IP, 위협 요소, 도메인, 해시 정보는 제조업, 방어, 자동차 관련 위협 인텔리전스 소스에서 수집한다.

1단계 B단계의 목표

- 위협 피드를 필터링해 조직에 가장 적합한 항목만 포함하도록 한다.
- 조직에 가치를 제공할 위협 정보의 속성을 식별하기 시작한다.

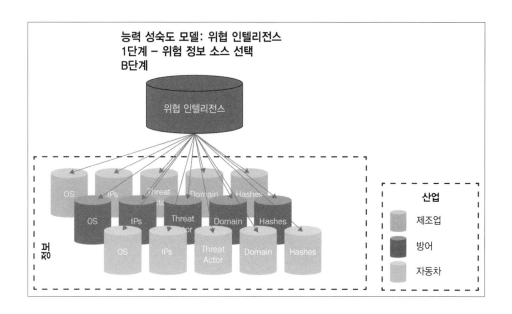

C단계

C단계에서 속성에 따라 정보를 분류하는 기능을 구축한다. 다른 팀에 정보 패키지를 배포해 작업 또는 검토를 준비하기 위한 것이다.

1단계 C단계의 목표 C: 속성별 정보 분류

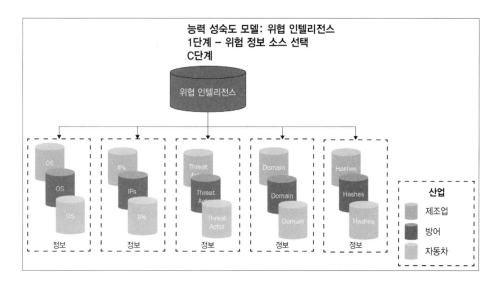

2단계 – 위협 정보 통합

이제 특성 및 산업을 기반으로 한 위협 인텔리전스를 분류했으므로 이 정보가 모든 당사자에게 적용될 수 없다는 점을 인식해야 한다. 예를 들어 헬프 데스크 기술자는 사이버 보안 사고 대응자와 같은 위협 인텔리전스에서 얻은 해시 값 사용 방법을 이해하지 못한다. 그러나 특정 위협 행위자가 특정 지역의 타깃을 관여하고 있음을 안다면 해당 정보를 사용해 헬프 데스크 기술자에게 전달해 비정상적인 작동 중지 또는 요청을 보고할 수 있다.

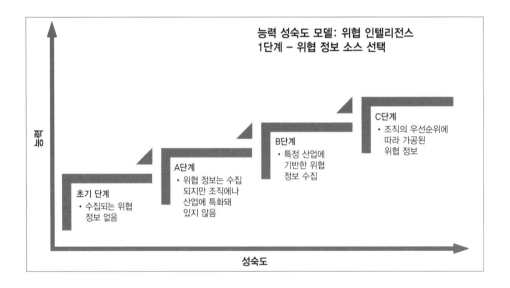

초기 단계

이 단계에서는 인텔리전스를 수집하지만, 아직 팀과 통합이 시작되지 않는다. 이 단계에서 수행해야 할 중요한 것은 가장 적절한 정보를 팀에 전달하는 기반을 구축하는 것이다. 따라서 중요한 응용 프로그램과 모든 업무 핵심 정보를 이해하고 파악하는 것이 중요하다.

1단계 초기 단계의 목표

- 중요한 응용 프로그램 및 정보의 식별에 대한 80/20% 수집
- 각 응용 프로그램에 대한 **책임, 보고, 지원, 컨설팅, 배포** 매트릭스 구성

 책임, 보고, 지원, 컨설팅, 배포 매트릭스는 크로스펑셔널팀(cross-functional team)[2]의 역할과 책임을 이해하는 데 이용된다. 일반적으로 프로젝트 관리 방법론, 서비스 제공 업체와 고객 간의 계약, 팀 간 인터페이스 프로세스의 책임 이해에 이용된다.

A단계

정보를 누구에게 전달했는지 뿐만 아니라 중요한 응용 프로그램과 정보를 이해해 팀에 전달할 의사결정된 정보가 필요하다.

2단계 A단계의 목표

- 보안 운영 센터 및 IT 운영 센터와 보안 인텔리전스 기능 통합 시작
- 팀에 위협 인텔리전스 정보 전달 시작
- 팀의 상태에 대한 기본적인 내부 보고

---

2 크로스펑셔널팀이란 프로젝트 중심으로 각 부서 직원을 차출해 한시적으로 구성되는 팀이다. 태스크포스팀(TFT)의 일종으로 볼 수 있지만 부서의 장벽을 뛰어넘어 뛰어난 인재를 고루 활용할 수 있다는 점이 강조된 개념이다. – 옮긴이

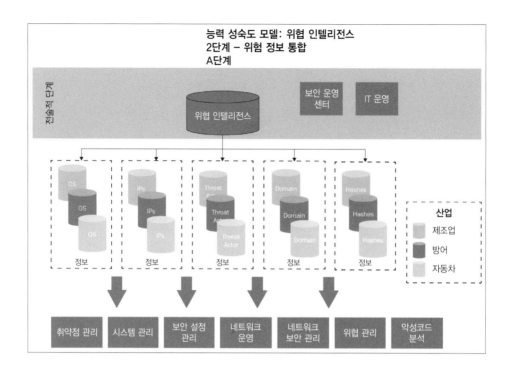

여러 팀에 적용할 수 있는 항목 분류

인텔리전스 패키지를 유용하게 사용하려면 이 시점에서 우리 스스로에게 다음과 같은
질문을 해야 한다.

- 팀에 적용할 수 있는 정보는 무엇이 있는가?
  - 취약점 관리, 보안 구성 관리 및 시스템 관리는 OS 정보 및 IP 정보를
    알아야 할 수도 있다.
  - 네트워크 보안 및 지속적인 보안 모니터링은 IP 정보 및 도메인 정보를
    알아야 할 수도 있다.
  - 위협 정보 관리 및 악성코드 분석은 TTP 정보 및 해시 정보를 알아야
    할 수도 있다.
- 이 정보를 알아야 할 주요 이해관계자는 누구인가?
- 어떻게 전달해야 하는가?

154

B단계

팀에 개별적으로 정보가 전달됐으니 정보를 유용하게 사용할 수 있도록 많은 사용자 지정이 필요하다. 이 단계에서 위협 인텔리전스 정보를 결합하고 트렌드 분석을 통해 조사 결과를 처리하기 위한 진행 상황을 측정하기 시작한다.

예:

- 특정 응용 프로그램에 대한 취약점과 OS 설정 상태를 결합해 문제 해결에 대한 노력을 하고 있는지 추이를 제공한다.
- 네트워크 운영 및 네트워크 보안 팀이 함께 협력해 수신된 위협 정보를 기반으로 포트를 닫고 IP를 차단하고 해결 노력에 대한 추이를 보고한다.

2단계 B단계의 목표

- 팀은 보안 및 IT 운영자들에게 보여 주기 위해 보고서를 결합해 위협 인텔리전스 정보를 기반으로 존재하는 취약점을 명확하게 파악한다.

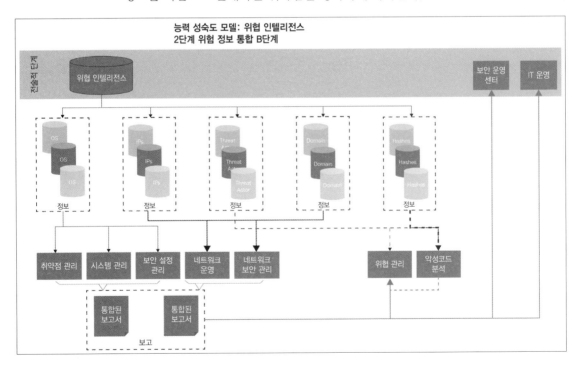

C단계

위협 인텔리전스 2단계의 마지막 단계는 모든 정보를 취해서 잠재적인 위협에 대처하고자 정보를 효과적으로 활용한다.

2단계 C단계의 목표

- 팀은 서로 대화하고 위협 대시보드를 통해 특정 위협을 이해한다.
- 위협은 위험 측정을 기준으로 해결한다(자세한 내용은 나중에 설명하겠다).

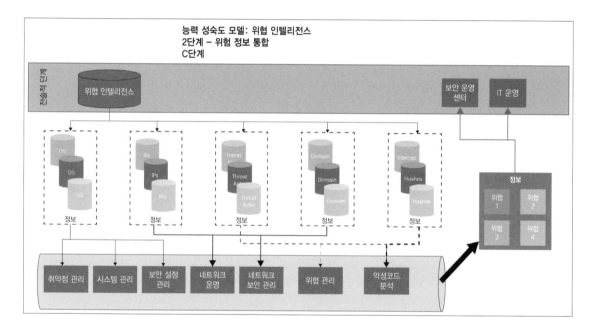

개념적으로 위협 인텔리전스 능력 성숙도 모델은 쉽게 이해할 수 있다. 모델 자체에 대한 이론은 이해할 수는 있지만, 구현은 더 어렵다.

▌ 요약

6장에서는 위협 인텔리전스에 관한 높은 수준의 개요와 위협 인텔리전스를 어디에서 찾을 수 있는지 살펴보았다. 위협 인텔리전스 정보는 ISAC이나 트위터와 같은 OSINT 소스에서 가져올 수 있다. 이 모든 정보를 통합하는 것이 중요하다. 왜냐하면 이렇게 해야 위험을 줄이고 취약점을 조치해야 할 책임이 있는 팀을 위해 인텔리전스를 생성할 수 있기 때문이다. 따라야 할 능력 성숙도 모델capability maturity model을 제공함으로써 팀에 정보를 제공하고 결과를 따를 수 있는 커뮤니케이션 기능을 구축할 수 있다. 궁극적으로 팀 간에 긴밀한 통합을 통해 가장 정확하고 완벽한 정보를 제공해 알려진 위협, 위협 가능성, 조직에 미치는 영향을 강조하는 대시보드를 제작할 수 있다.

7장에서는 커뮤니케이션에 대해 좀 더 깊이 연구해 팀을 활성화할 수 있는 채널을 구축하는 방법을 살펴보겠다.

07

협력 기능 구축

7장은 우리가 사이버 인텔리전스 프로그램을 지원하는 협력 기능을 어떻게 구축할 수 있는지 설명한다.

7장에서 다룰 내용은 다음과 같다.

- 협력 기능의 목적
- 커뮤니케이션 채널
- 협력을 위한 방법 및 도구
- 전략적strategic, 전술적tactical, 운영적operational 협력

▌ 협력 기능의 목적

우리 모두는 의사소통이 모든 프로세스를 개선하는 핵심 구성 요소 중 하나임을 잘 알고 있다. 의사소통이 되지 않으면 비효율적으로 운영하게 된다.

커뮤니케이션 채널을 만드는 두 가지 방법이 있다. '공식 커뮤니케이션' 절에서 각 항목을 설명하겠다.

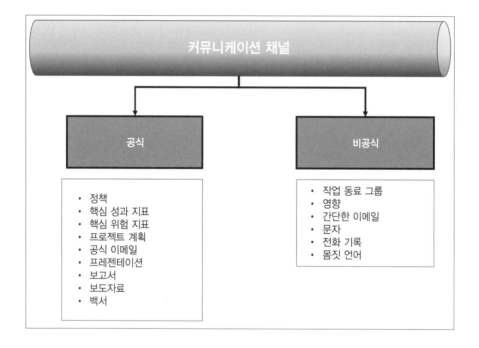

공식 커뮤니케이션

공식 커뮤니케이션은 공적이고 사무적인 채널을 통해 전달되는 모든 정보로 다음과 같은 형태다.

- 정책
- 핵심 성과 지표

- 핵심 위험 지표
- 프로젝트 계획
- 공식 이메일
- 프레젠테이션
- 보고서
- 보도자료
- 백서

일반적으로 특정 주제 또는 아이디어에 관한 조직의 공식 입장official stance에 대한 하향식 정보다.

비공식 커뮤니케이션

정보 전달은 공식 커뮤니케이션보다 자연스럽게 진행된다. 이런 비공식, 오프 더 레코드off-the-record 대화는 아래와 같은 방법을 통해 정보를 전달하는 데 사용된다.

- 작업 동료 그룹
- 영향력
- 간단한 이메일
- 문자
- 전화 기록
- 몸짓 언어

커뮤니케이션과 사이버 인텔리전스 프로세스

이미 배웠듯이 필요한 커뮤니케이션 채널을 구축하려면 사이버 인텔리전스 기능을 구축해야 한다. 먼저 서로 다른 수준의 사이버 인텔리전스 프로세스에 커뮤니케이션을 어떻게 적용하면 되는지 이해해야 한다. 처음에는 **비공식적**informal 커뮤니케이션을 통해 다른 프로세스의 상태 정보를 얻을 수 있지만, 프로젝트를 통해 **공식적인**formal 커뮤니케이션 채널을 구축해야 한다.

사이버 인텔리전스 프로세스 통합을 다시 생각해 보자.

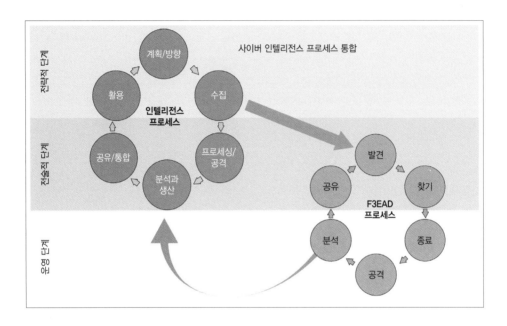

우선순위 정보 요구 사항의 형태에서 수집하기 위한 노력은 인텔리전스와 F3EAD 프로세스의 각 단계를 **찾기**find 위한 **수집**collection으로 **전략적 단계**strategic level에서 **전술적 단계**tactical level로 전달된다. 1~6장에서 이런 내용을 전달하기 위한 수단으로 지역별 기업을 이용했다. 이제 전반적인 IT 관점에서 정보가 의미하는 바를 살펴봐야 한다. CIO가 정보가 필요하다고 말하면 **전술적 단계**tactical level에서 요청을 **운영 단계**operational level로 전달한 다음 다시 백업하면 된다고 말하기는 매우 쉽겠지만, 세 가지 수준 모두에서 통신 회선을 구축해야 한다.

마지막 장에서 위협 인텔리전스를 사용해 기능을 구축하는 방법을 알아볼 것이다. 그리고 이 책의 나머지 부분에 걸쳐 능력 성숙도 모델capability maturity model을 구축하는 것과 동일한 개념을 이용할 것이다. 그러나 먼저 적절한 사람에게, 적시에, 올바른 방법으로 정보를 얻는 방법에 대한 예가 필요하다.

각 조직의 의사소통 방식은 다른데 모두가 따라야 하는 협력 방법을 제공하려면 아이디어와 가이드라인을 이용해야 한다. "맞는 방법이니까 맞는 방법이다this is the right way because the right way"라는 주장은 맞지 않다. 이런 주장을 할 수 있는 유일한 방법은 요청한 내용이 의도한 바를 완전히 충족시키는 경우다. 메시지에 편차가 있다면 커뮤니케이션을 중단해야 하거나 요청된 내용이 충분하지 않았음을 뜻한다.

협업을 위한 방법과 도구

조직뿐만 아니라 팀 간 협업 기능을 구축하는 다른 방법이 있다. 협업에 사용할 수 있는 몇 가지 방법과 도구를 살펴보자.

서비스 수준 계약과 조직 수준 계약

그룹 간에 특정 수준의 지원 또는 서로 정보를 제공해야 한다는 합의agreement가 있어야 한다. 다음은 그 예다.

- **서비스 수준 계약**: 서비스 제공 업체와 고객 간의 계약
- **조직 수준 계약**: 조직 구성 단위 간의 계약

서비스 제공 업체는 물론 조직 내에서 이런 계약을 체결하려면 여러 이해관계자가 이용 약관에 동의해야 한다. 특히 실제 외부 공급 업체와 계약을 유지하고 추가 서비스(보고서, 모니터링, 컨설팅 시간)에 대한 추가 요금을 부과할 때 그렇다. 따라서 서로 협업해야 할 특정 서비스와 보고 받고 싶은 표 형태의 업무를 고려할 때 중요하다.

책임 권한표

책임 권한표^{RASCI, Responsible Accountable Supporting Consulted Informed}는 프로세스 내의 주요 작업에 대한 다양한 속성을 설명하는 데 사용된다.

- **실질적인 수행**^{Responsible}: 해당 작업을 담당하는 조직
- **최종 수행**^{Accountable}: 작업을 완료해야 하는 조직이나 사람
- **지원**^{Supporting}: 작업을 완료하고자 지원해 주는 조직이나 사람
- **조언**^{Consulted}: 조언을 구할 수 있는 조직이나 사람
- **보고 받음**^{Informed}: 작업에 대한 정보를 받는 조직이나 사람

책임 권한표				
	A 서비스	B 서비스	C 서비스	D 서비스
작업 1	실질적인 수행	보고 받음	조언	최종 수행
작업 2	최종 수행	실질적인 수행	보고 받음	조언
작업 3	조언	최종 수행	실질적인 수행	지원
작업 4	지원	조언	최종 수행	실질적인 수행

주요 위험 지표 사용

주요 위험 지표는 특정 위험이 조직에 미치는 확률 및 영향을 추적하는 위험 관리에 사용되는 측정 지표다.

다음 시나리오를 생각해 보자. 조직에서 기업에 있는 각 시스템의 평균 취약점을 평가하려고 한다.

다음과 같이 정의한다.

- 녹색 = 시스템당 0~2의 높은 수준의 취약점
- 주황색 = 시스템당 2~3.5의 높은 수준의 취약점
- 빨간색 = 시스템당 3.6 이상의 높은 수준의 취약점

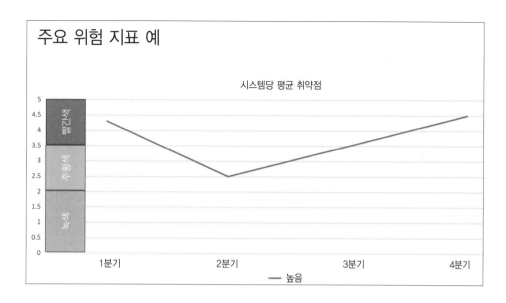

위 그림은 주요 위험 지표를 추이 정보 분석해서 현재 설정한 임계치에 도달하면 이해
당사자에게 조치를 시작하라고 경고한다.

조치가 시작되는 경우는 다음과 같다.

- **녹색에서 주황색까지**: 시스템당 평균 취약점 수가 1.5~2인 경우
- **주황색에서 빨간색까지**: 시스템당 평균 취약점 수가 3~3.5인 경우

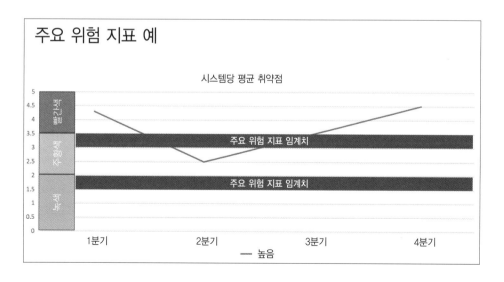

이런 지표는 협업을 위해 사용할 수 있는 방법과 도구일 뿐이다. 실제로 어떻게 적용할 수 있는지 살펴보자.

▌ 전략적 단계에서 협업

사이버 인텔리전스 기능을 구축할 때 모든 커뮤니케이션은 위에서 아래로 이루어져야 한다. 경영진이 자신의 결정에 영향을 미치는 방식에서 통합하고 표현하는 여러 정보 출처가 중요하다는 생각을 인식하는 데서 시작된다. 경영진이 협업을 구축할 수 있는 기반을 이해하지 못하면 사이버 정보 프로그램을 위한 협력은 비공식적인 의사소통의 정보만 사용하는 위험에 처하게 된다.

다음은 전략적 사이버 인텔리전스 협업을 위한 절차다.

1. 경영진에 사이버 인텔리전스 기능을 전달하고 조직과 소통할 수 있는 높은 수준의 지원
2. 개발 및 문서화된 협업 방법을 확립하기 위한 정책을 만드는 사람과 기업 설계
3. 정보 수집 요구 사항의 우선순위
4. 인텔리전스 프로세스에서 여러 정보 피드를 병합하는 방법
5. 정보를 처리하고 의사결정을 정의하는 데 도움이 되는 대시보드 생성

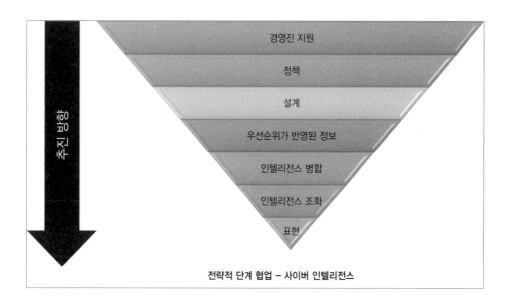

추진 방향

| 경영진 지원 |
| 정책 |
| 설계 |
| 우선순위가 반영된 정보 |
| 인텔리전스 병합 |
| 인텔리전스 조화 |
| 표현 |

전략적 단계 협업 – 사이버 인텔리전스

각 단계를 살펴보면서 잘 이해해 보자.

경영진 지원

비즈니스 인텔리전스의 개념은 기업의 정보를 수집하고, 이를 이용해 IT 비즈니스 의사 결정을 내리는 것과 크게 다르지 않다. 중소기업이라면 CIO나 CEO에게 걸어가서 " 좋은 생각이 있습니다. 우리가 해야 한다고 생각합니다"라고 말할 수 있다. 당신이 큰 조직의 일원이라면 이런 방식은 약간 과해 보일 수 있다. 비즈니스에서 민첩성과 혁신에 대한 논의가 있어 왔지만, 대규모 조직에서는 수년간 진행돼 온 절차가 있기 때문에 합의를 도출하는 데 시간이 걸린다. 또한 많은 사람들이 변화하는 것과 "깰 수 없으면 고치지 마라"는 문구를 따르는 것을 좋아하지 않는다. 비즈니스 요구 사항이 변화하고 조직이 정보 기술 리더로서 경쟁력을 갖추고자 하는 것처럼 우리는 이런 요구 사항에 적응하고 익숙하지 않은 길을 따라가는 사람들에게 영향을 줘야 한다.

다음은 비즈니스 사례 제안에 도움이 될 수 있는 몇 가지 질문이다.

- 사이버 인텔리전스 기능이 귀사에 중요한 이유가 무엇이라고 생각하는가?
- IT 관점에서 사이버 인텔리전스 기능이 비즈니스를 어떻게 향상시킬 것이라고 생각하는가?
- 다른 IT 팀의 정보를 통합해 의사결정 프로세스에 도움이 되는 방법은 무엇인가?
- 기업 전체의 다른 IT 팀과 커뮤니케이션하는 방법을 어떻게 개선할 수 있는가?

위 질문은 당연히 가장 중요한 요구 사항이다. 왜냐하면 경영 관계자가 구매하지 않으면 프로젝트/프로그램에서 현실적으로 필요한 자원을 얻을 수 없기 때문이다.

정책과 절차

정책policy은 기업의 규칙이다. 십계명처럼 기업에서 할 수 있는 것과 할 수 없는 것을 정한다. 전략적 단계에서 다른 팀이 당신의 사이버 인텔리전스 프로그램을 위해 참조할 수 있는 정책이 있어야 하며, 적어도 다음 내용을 포함해야 한다.

- 당신의 사이버 인텔리전스 프로그램의 목적
- 설명
- 대상 청중
- 정책이 존재하는 이유

절차procedure는 특정 프로세스를 수행하는 방법을 알려 준다. 여기서 우리는 사이버 인텔리전스 프로그램이 어떻게 작동하는지(전략적 단계에서) 설명한다. 다음을 포함해야 한다.

- 절차와 설명 작성
- 프로세스 다이어그램

> ⓘ 이 문서는 운영 중인 프로젝트의 전형적인 산출물 또는 결과다. 능력 성숙도 모델을 기반으로 기능을 구축할 때 적절하게 문서를 수정할 수 있다.

설계

개발되지 않았거나 초기 버전부터 잘 확립된 인프라까지 관계자의 전략적 방향으로 엔터프라이즈 설계자는 최종 상태의 사이버 인텔리전스 프로그램을 달성하는 데 도움이 되는 커뮤니케이션 채널을 포함하도록 서비스와 프로세스를 구축해야 한다.

아키텍처 구성 요소를 수립하는 것과 병행해 적절한 채널을 개발할 수 있도록 엔터프라이즈 수준에서 종속성을 해결해야 한다.

종속성 이해

기업에서 사이버 인텔리전스 기능을 위한 아키텍처를 제공한다는 것은 각 주요 프로세스의 종단 간 의존성을 이해해야 한다는 것을 뜻한다.

예를 들어, 취약점 관리를 위한 주요 프로세스 중 일부를 살펴보자.

- **엔터프라이즈 자산 관리**: 엔터프라이즈에 있는 모든 자산을 관리하는 프로세스다.
- **취약점 관리 도구 자산 관리**: 모든 엔터프라이즈 시스템이 스캐닝 도구에 올바르게 로드되는지 확인하는 과정이다.
- **스캐닝 프로세스**: 도구 자산 관리 데이터베이스에 있는 시스템의 취약점을 찾는 프로세스다.
- **분석 및 공유**: 스캐닝 결과를 처리해 누구에게 필요한지, 정보를 전달할지 분류하는 과정이다.
- **해결**: 식별된 취약점을 수정하는 과정이다.

- ○ **로컬 변경 관리 프로세스**: 상주 비즈니스 단위 또는 지역 사무소에서 개발 및 유지 관리하는 변경 관리
- ○ **구역 변경 관리 프로세스**: 조직 기준의 선에서 과정이 모니터링되는지 확인하는 구역 프로세스에 로컬 변경 관리
- ○ **벤더 지원 변경 관리 프로세스**: 공급 업체에서 조직 변경 관리 프로세스로의 통합 지원
- **위험**: 기업 내 존재하는 취약점의 가능성과 영향을 평가하는 과정이다.

그래프로 표현하면 다음과 같다.

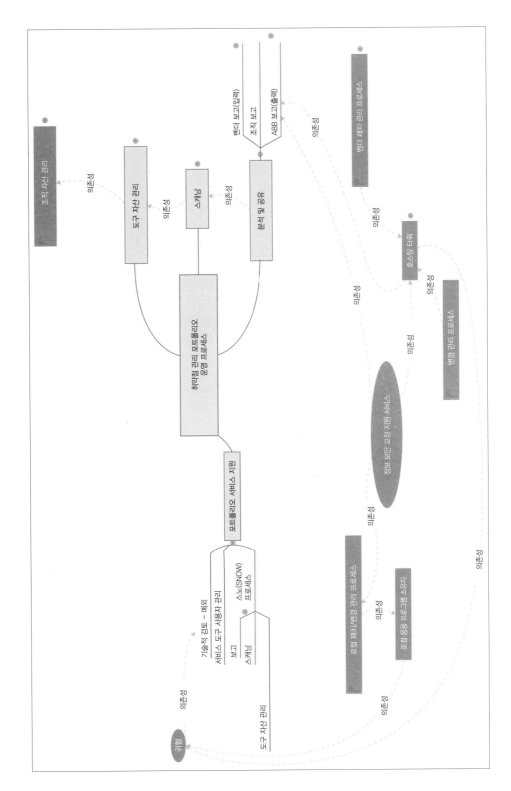

각 단계에는 의존성이 있으며 우리는 몇 가지 질문에 대답하고자 의존성을 이해해야 한다.

- 모든 종속 프로세스 소유자 간에 좋은 상호작용을 어떻게 만들 수 있을까?
- 이런 각 프로세스 내의 주요 이해관계자는 누구인가?
- 팀 간의 상호작용을 어떻게 평가할까?
- 프로세스 각 부분의 위험을 어떻게 평가하는가?

이 질문들에 답함으로써 최소한 프로세스에서 핵심 인물이 누구인지 알고, 의사소통 수단을 만들고, RASCI 매트릭스로 특정 작업을 팀에 할당할 수 있다.

우선순위가 반영된 정보

정보 요청은 전략적 단계의 주요 이해관계자가 우선순위를 지정해야 한다. 그들이 IT 조직의 전략의 결정권자이기 때문이다.

이 단계에서 포함돼야 하는 가장 중요한 질문이 있다.

- 무엇
  - 정보는 전략적 목표에 대한 결정을 내리는 데 중요하다.
  - 어떤 팀에게 정보를 요청하면 되는지 전술적 리더 그룹에게 알려 준다. 따라서 그들을 확신시킬 수 있는 알맞은 사람들을 특정 대상에 보내야 한다.
- 왜
  - 전술적 단계에서 이해해야 하는 정보이므로 수집 프로세스에서 더 많은 정보를 이용할 수 있는 다른 기회를 찾을 수 있다.
  - 전술 관련 리더에게 임무에 필요한 정보의 중요성을 보여 준다.

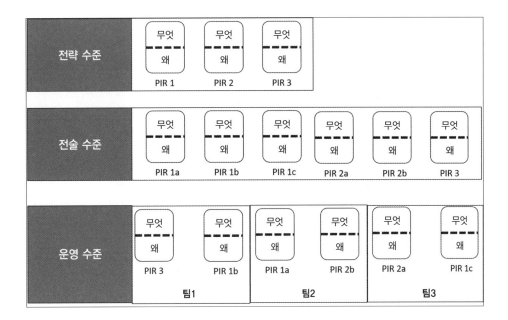

위 다이어그램은 PIR이 전략 수준에서 전술 수준으로 어떻게 구체화되는지 보여 준다. 전술 수준에서 PIR 정보가 수신되면 PIR은 더 작은 PIR로 분할되고, 실행을 위해 운영 팀에 전달된다.

인텔리전스 병합

전술 수준에서 수집된 정보를 병합하는 기능은 전략적 분석을 위한 인텔리전스를 준비할 때 중요하다.

다음은 병합 기능의 핵심 구성 요소다.

- 수동 또는 자동화를 통해 가져올 정보를 위한 전략적 수준 중앙 저장소
- 표준 형식의 인텔리전스 제품에서 제공되는 정보
  - 시간 절약
  - 데이터 마이닝 도구로 효율성 향상

다음 다이어그램은 운영 팀에서 정보를 받으면 처리돼 전략 중앙 저장소로 이동되는 것을 보여 준다. 일단 이곳에 있는 정보는 배포/통합dissemination/integration을 위한 준비 과 정에서 분석하고 생성하는 인텔리전스 프로세스에 계속 이용되며, 이는 **프레젠테이션** presentation으로 표현된다.

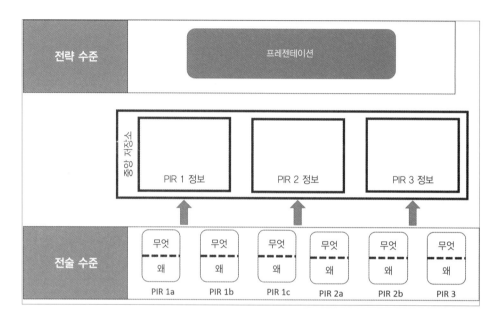

인텔리전스 조화와 표현

모든 정보를 가져와서 조화롭게 표현할 수 있는 엔터프라이즈 솔루션이 필요하다. 궁 극적으로 우리는 요청한 모든 정보를 시각적으로 모니터하고 사용할 수 있도록 그래픽 적으로 표현하길 원한다.

다음과 같은 요소로 가능하다.

- RAGRed, Amber, Green 차트
- 추이 분석
- 원형 차트

- 막대 차트
- 위험 분석

다음 그림에 이런 내용이 있다.

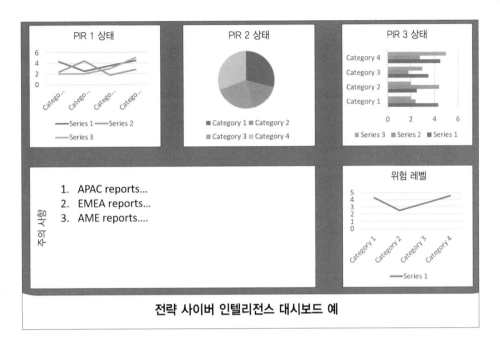

전략 사이버 인텔리전스 대시보드 예

이 대시보드가 이해하기 쉬울지라도 리더가 알고자 하는 많은 PIR 종류를 생각해야 한다. 권장 사항은 다음과 같다.

- 주요 이해관계자와 합의한 항목이 표시된 메인 대시보드를 갖도록 하라.
- 이해관계자가 대시보드를 사용자 정의해 보고 싶은 데이터를 표시하도록 하라.

하루를 마감할 때 전략적 리더는 수집해야 하는 정보를 기반으로 어디에 이슈가 있는지 쉽게 식별할 수 있어야 한다. 적절하게 구성되고 사용자 정의된 대시보드는 의미 있는 방식으로 이해관계자에게 정보를 제공해 그들이 집중하는 다양한 항목과 문제점을 모니터링, 추적, 결정할 수 있다.

▌ 전술적 수준에서의 협업

전술적 의사소통은 일상적인 운영과 관련이 있다는 점에서 전략적 의사소통과 다르다. 전략적 의사소통은 높은 수준, 큰 그림, 문제와 솔루션 정보 수집을 위해 PIR을 다룬다. 의사소통은 미래의 프로젝트가 결정되고 자원이 공급되는 방법에 영향을 준다.

다음은 전술적 사이버 인텔리전스 협업을 위한 단계다.

1. 사이버 인텔리전스 기능과 협업을 위해 높은 수준으로 지원하고 조직에 전달
2. 협업 방법이 반드시 존재해야 하며, 절차는 문서화해야 함
3. 전략적 및 전술적 리더로부터 온 정보 수집 요구 사항의 우선순위
4. 인텔리전스 프로세스에서 여러 정보 피드를 취합하는 것을 의미
5. 정보를 처리하고 의사결정을 정의하는 데 도움이 되는 대시보드를 생성할 수 있는 능력

단계는 전략적 사이버 인텔리전스 협업과 비슷하지만, 전술적 의사소통 채널을 만드는 목표는 IT 서비스 운영 및 IT 보안 운영이 인텔리전스 제품을 각 개체로 주고받는 방법을 향상시키는 것이다. 전술 팀 간에 통신 채널을 보다 잘 통합할수록 의사결정을 더 빨리 할 수 있다.

우선순위 정보 요구 사항 분석

PIR이 전략적 단계에서 전술적 단계로 내려갈 때 하나 이상의 전술 팀과 관련이 있을 수 있다. 예를 들어, PIR은 이전 직원의 관리 계정을 사용해 로그인을 시도한 계정의 상태다.

- 사용자 계정 관리에는 이전 직원이 관리 자격 증명을 잃어버렸는지 확인하는 절차가 있어야 한다(IT 운영).

- 정보 보안은 확인 가능한 목록을 갖고 있을 것이며 이 활동을 모니터링한다 (IT 보안).

전략적 수준 PIR에 대한 답변을 만드는 데 두 가지 협업의 노력이 필요하다는 것을 뜻한다.

이론의 적용

IT 운영과 IT 보안 운영 간의 이런 결혼 개념을 더 잘 이해하기 위해 다음 다이어그램을 살펴보자.

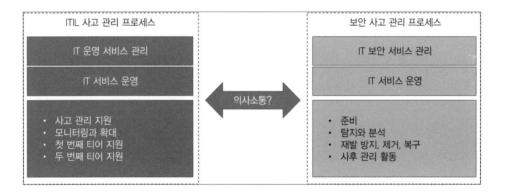

다이어그램에 표시된 두 가지 서비스와 프로세스로, **ITIL 사고 관리 프로세스**[ITIL incident management process]와 **보안 사고 관리 프로세스**[security incident management process]가 있다. 이를 개별적으로 이해하기가 쉽지만, 우리가 이해하고자 하는 것은 이런 프로세스 중 하나가 다른 프로세스에 영향을 미치는지 여부다.

두 서비스 조직 간의 통신 채널을 구축하려고 시도할 때 다음과 같은 질문을 할 수 있다.

- 두 개체 간에 서비스 수준 계약이 있는가?
- 두 개체 간에 조직 수준 계약이 있는가?

대답이 '예' 또는 '아니오'라면 아래 사항을 이해해야 한다.

- IT 사고는 어느 시점에 보안 사고가 되는가?
- IT 보안 사고는 어느 시점에서 IT 사고가 되는가?
- IT 보안 사고 대응과 관련해 IT 사고의 특정 항목이 있는가?
    - 무엇인가?
    - 그들에게 어떻게 전달되는가?
    - 어떻게 더 알아볼 수 있는가?
    - 어디에 문서화돼 있는가?
- 이 과정에서 누가 **책임**이 있는가?
- 이 과정에서 누가 **책임**질 수 있는가?
- 이 과정에서 누가 **지원**하는가?
- 이 과정에서 누가 **조언**하는가?
- 이 과정에서 누가 **정보**를 얻는가?

IT 사고 대응 담당 관리자와 IT 보안 사고 대응 조직 간의 목표는 다음과 같다.

- 상위 관리의 정보 요구 사항 이해
- 의사소통의 전략적 타당성 이해
- 협업 및 통합 프로세스 개발 및 구축
- SLA/OLA 개발 및 구축
- 사고 처리를 위한 표와 책임성 확립

이론과 현실

이론을 이해하고 적용하는 것은 한 가지지만, 이론을 이해하고 현실에 적용하는 것은 또 다른 문제다.

두 개체는 이해하기 쉬운 개념이지만, 다른 서비스인 ITIL **변경 관리 프로세스**를 추가해보자.

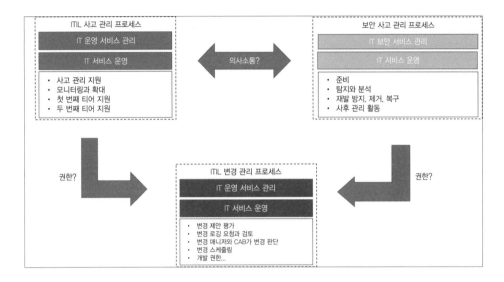

세 가지 서비스 조직 간의 통신 채널을 구축하려는 시도의 예로 이용할 때 다음과 같은 질문을 할 수 있다.

- 세 가지 개체 간에 서비스 수준 계약이 있는가?
- 세 가지 개체 간에 조직 수준 계약이 있는가?

대답이 '예' 또는 '아니오'라면 아래 사항을 이해해야 한다.

- IT 사고는 어느 시점에 **변경 관리 프로세스**를 통과하는가?
- IT 보안 사고는 어느 시점에서 **변경 관리 프로세스**를 통과하는가?
- 이 과정에서 누가 **책임**이 있는가?
- 이 과정에서 누가 **책임**질 수 있는가?
- 이 과정에서 누가 **지원**하는가?
- 이 과정에서 누가 **조언**하는가?
- 이 과정에서 누가 **정보**를 얻는가?

IT 사고 대응 담당 관리자와 IT 보안 사고 대응 및 변경 관리 조직 간의 목표는 다음과 같다.

- 상위 관리의 정보 요구 사항 이해
- 의사소통의 전략적 타당성 이해
- 협업 및 통합 프로세스 개발 및 구축
- SLA/OLA 개발 및 구축
- 사고 처리를 위한 표와 책임성 확립
- 변경 요구를 시작할 **권한**이 누구에게 있는지 확립

이런 모든 항목은 종단 간 프로세스를 위해 통합된 표와 커뮤니케이션 채널을 만들 때 고려해야 할 사항이다 .

전술 수준 대시보드 생성

전략 수준 대시보드와 마찬가지로 전술 수준 대시보드를 주요 프로세스의 각 단계와 하위 단계를 이해하도록 자세한 버전으로 볼 수 있다.

이런 경우를 생각해 보자. 호스가 있고, 수도꼭지가 있고, 식물이 있다. 목표는 수도꼭지를 켜서 물이 호스를 통과한 다음 식물에 도달할 수 있도록 하는 것이다. 식물에 물을 줄 수 없다면 호스가 꼬였는지 수도꼭지에서 배관이 문제가 되는지 확인해서 문제를 해결해야 한다. 현실이 무엇인지what is reality에 대해 예상되는 것what is expected을 모니터링함으로써 결과가 예상과 다른 경우 어디에서 프로세스가 동작해야 하는지 파악할 수 있다.

함께 동작하면서 PIR을 더 작은 패키지로 분할하고 각 팀에 전달함으로써 전술적 리더는 프로세스가 예상하는 제품을 생산하는 과정에 기여하거나 문제가 생기는 방법을 이해할 수 있다.

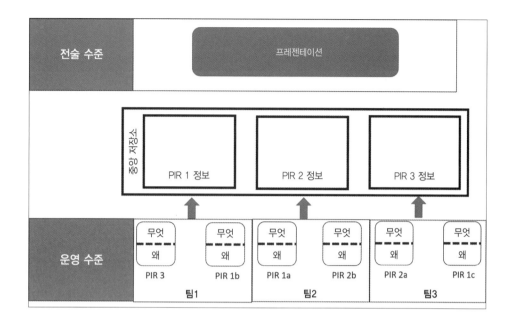

대시보드를 통해 프로세스의 주요 그룹과 관련된 정보를 표시함으로써 프로세스에서 발생할 수 있는 문제의 원인을 이해할 수 있다.

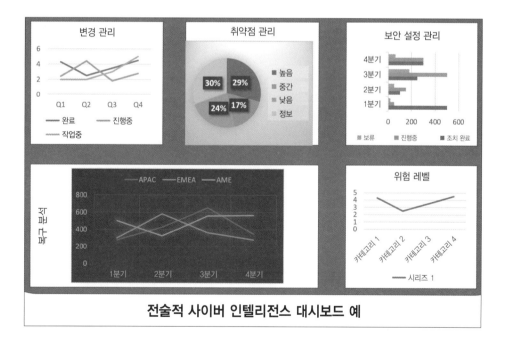

전술적 사이버 인텔리전스 대시보드 예

이런 프로세스의 주요 이해관계자가 누구인지 이해를 해야 프로세스 상태를 모니터링해야 하는 모든 사람들에게 이익을 주는 대시보드를 만들 수 있다. 따라서 전략적 PIR에 더불어 전술적 리더는 자신의 PIR을 개발해야 한다.

- 대시보드에 어떤 정보가 표시돼야 하는가?
- KRI를 위해 우리가 확립할 수 있는 한계점은 무엇인가?

추후 8~9장에서 몇 가지 아이디어를 이야기해 보겠다.

▌ 운영 수준에서의 협업

전략적 및 전술적 계층에서 PIR이 제공되면 팀에 나누어 전달해야 한다.

예:

- IT 비즈니스 부서 – IT 비즈니스 유닛
- IT 지역 – IT 국가
- 보안 운영 센터 – 사고 대응/대응팀

수집되는 정보의 유형에 따라 이들 팀은 수집되는 정보의 전반적인 의도를 알 수도 있고 알지 못할 수도 있다. 팀이 무엇을, 왜 모으는가를(그들이 허용되는 범위까지) 이해하는 것이 중요하다.

다음은 사이버 인텔리전스 협업을 위한 단계다.

1. 사이버 인텔리전스 기능과 정의된 협업과 조직에 의사소통하는 데 높은 수준의 지원
2. 협업 방법이 반드시 존재해야 하며 절차는 문서화해야 함
3. 전술적 리더로부터 온 정보 수집 요구 사항의 우선순위

4. 인텔리전스 프로세스에서 여러 정보 피드를 **전달**하는 것을 의미

5. **정보를 처리**하고 의사결정을 하도록 **내부 대시보드를 생성**할 수 있는 능력

다음과 같은 운영 팀에게 유용한 전술적 사이버 인텔리전스 대시보드의 예가 있다

- 정보 시스템 관리
- 응용 프로그램 관리 팀
- 변경 관리
- 취약점 관리
- 사고 대응

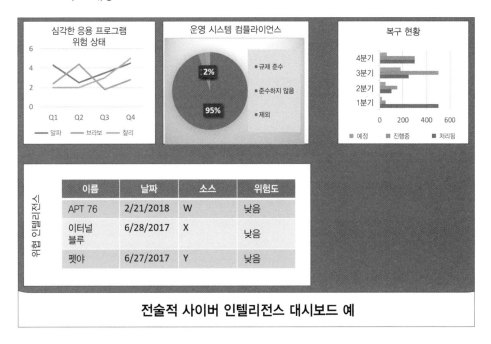

전술적 사이버 인텔리전스 대시보드 예

앞에서 제공한 정보는 일상 업무가 어떻게 표시되는지에 대한 팀의 이해를 돕고자 개발할 수 있는 대시보드의 예다.

- 중요한 **응용 프로그램 위험 상태**를 표시해 비즈니스 팀은 그들의 노력이 조직의 위험에 영향을 어떻게 미치고 있는지 볼 수 있다.

- **운영 시스템의 컴플라이언스** 상태를 표시해 팀은 조직 표준에 맞게 시스템을 구성하는 방법을 확인한다.
- **복구 메트릭**을 표시하면 팀에서 변경 요청 수를 확인할 수 있다.
- **위협 인텔리전스**를 표시하면 팀에서 이 섹션에서 제공하는 정보가 해당 항목에 적용된다는 것을 이해한다.

대시보드에 표시되는 것이 무엇이든 앞의 내용은 프로세스를 이해시키고자 팀에 전달될 수 있는 내용의 예다.

▌ 요약

7장에서는 다양한 방법과 기법을 사용해 각 단계에서 협업 채널을 구축하는 방법을 살펴보았다. 협업 채널을 구축해 여러 팀 간의 주요 프로세스의 문제, 진행 상황 및 상태를 이해함으로써 한 공간에서 해결할 수 있다.

8장에서는 사이버 인텔리전스를 보안 아키텍처에 통합하는 방법을 논의하겠다.

08

보안 스택

지금까지 조직의 보안을 개선하고자 위협 인텔리전스 기능을 어떻게 통합할 수 있는지 살펴보았다. 위협 인텔리전스에서 외적인 것에 초점을 맞추었다면, 8장에서는 내부 커뮤니케이션 능력을 향상시키기 위한 기반을 다지고자 한다.

8장에서는 아래와 같은 주제를 다룬다.

- 핵심 보안 서비스의 기본
- 보안 운영 센터의 기능
- 서비스들의 통합 및 그 간의 커뮤니케이션 개선 방안
- 사이버 인텔리전스를 가능하게 하는 정보 보안을 위한 능력 성숙도 모델
- **협업 + 역량 = 능동적 방어**

▍ 통합 목표 – 필자의 관점에서

필자는 보안 프로그램을 구축하고 사이버 인텔리전스 기능을 통합할 때 주로 단순화시켜 생각하는 것을 선호한다.

1. 정보 보안 프로그램의 목표/임무는 무엇인가?
2. 보안 수준을 파악하고 개선하기 위해 보안 프로그램이 갖춰야 하는 핵심 서비스는 무엇인가?
3. 최소한으로 요구되는 시스템/응용 프로그램/데이터에서 가장 중요하게 정의하는 것은 무엇인가?
4. 좋은지 나쁜지 판단하고자 조직에서 위험은 어떻게 정의되는가?
5. 이런 일을 수행하려면 누구와 이야기해야 하는가?
6. 이런 정보를 알 필요성이 있는 사람들과 어떻게 공유할 것인가?

▍ 핵심 보안 서비스의 기본

IT 인프라 라이브러리ITIL, IT Infrastructure Library에서는 서비스를 "고객이 특정 비용과 위험을 부담할 필요 없이 얻고자 하는 결과를 갖도록 고객에게 가치를 전달하는 수단"이라고 정의한다.

서비스는 아래와 같이 측정 가능한 요소들을 가진다.

- **첫 번째 평균 응답 시간**: 기술이 작업 요구에 응답하는 평균 소요 시간
- **작업 평균 종료 시간**: 할당된 작업 요구를 종료하는 데 걸리는 평균 소요 시간
- **발견한 취약점 평균 처리 시간**: 일정 시간 동안 처리한 취약점 개수

따라서 핵심 보안 서비스의 이름을 정의하는 것보다 다음을 먼저 이해해야 한다.

1. 누가 고객인가?
2. 그 고객에게 제공될 서비스는 무엇인가?
3. 우리의 서비스를 통해 고객은 어떤 가치를 얻게 되는가?
4. 좋은 서비스와 나쁜 서비스는 어떻게 정의되는가?

이런 것들을 알고 나면 이제 보안 서비스에서 우리가 갖는 몇 가지 딜레마를 확인할 수 있다.

- 취약점 관리 서비스의 목적이 여러 취약점들을 관리하는 것이라면 이 서비스는 취약점을 관리하기 위한 능력과 권한을 갖고 있어야 한다.
  - 취약점 관리 능력과 권한이 없다면 단순한 보고 서비스가 될 것이며, 해당 서비스의 가치는 보고서의 완성도와 정확도에 의해 결정될 것이다.
- 사고 대응팀의 목적이 여러 사고에 대응하는 것이라면 이 팀은 사고를 조사하기에 충분한 능력과 권한을 갖고 있어야 한다.
  - 조사할 능력과 권한이 없다면 단순한 보고 서비스가 될 것이며, 해당 서비스의 가치는 보고서의 완성도와 정확도에 의해 결정될 것이다.

소규모 조직에서는 각 팀이 가이드와 도움을 빠르게 제공할 수 있기 때문에 위와 같은 이슈들이 큰 조직에 비해서 상대적으로 적다.

다음 그림은 취약점 관리 서비스를 설명하고자 간단한 프로세스로 표현한 것이다.

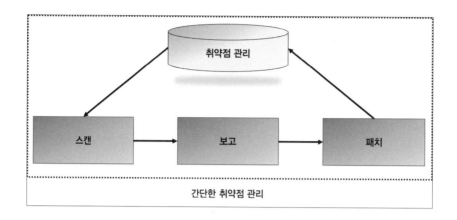

간단한 취약점 관리

조직이 더 복잡해질수록 그에 상응하는 솔루션 또한 복잡해진다.

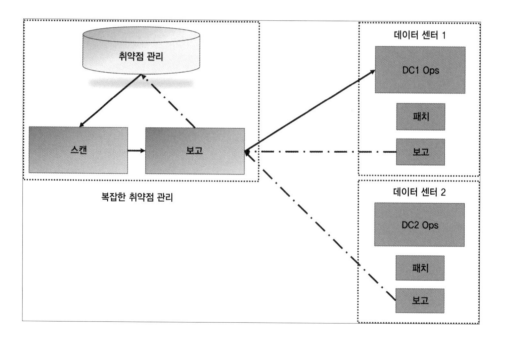

구조가 더 복잡해진다 해도 보안 서비스의 솔루션은 변하지 않는다. 다시 말하면 마치 1+1의 결과가 2라고 하는 것과 $\sqrt[3]{\sqrt{x108+10}} - \sqrt[3]{\sqrt{x108-10}}$ 의 결과가 2라고 하는 것과 같은 이치다.

보안 서비스가 가치를 제공하는 방식은 아마도(또는 아닐 수도 있지만) 원하는 결과를 만들기 위해 **종단 간** 프로세스에서 평가하고 보고하는 것이다.

▌ 보안 운영 센터

여기에서 **보안 운영 센터**^{SOC, Security Operations Center}를 묘사하는 방식은 아마도 현재 당신이 갖고 있는 방식과 다를 수 있다. 소규모 비즈니스의 SOC에만 속하는 사이버/정보 보안과 관련된 것이기 때문이다.

따라서 같은 입장에서 생각하고자 기본이 되는 요소들의 기준을 정해 보도록 하자.

- 보안 운영 센터는 전략적인 측면에서 바라봐야 한다.
- 보안 운영 센터의 기능은 운영적인 측면에서 바라봐야 한다.
- 기본적인 보안 팀은 다음과 같다.
  - 정보 보안 통제 및 실행
  - 취약점 발견 및 탐지
  - 위협 관리
  - 위협 인텔리전스
  - 보안 기본 설정 관리
  - 사고 대응/블루 팀
  - 레드 팀
  - 보안 상태 분석/지속적 모니터링
  - 응용 프로그램 보안

위에서 설명한 기본적인 팀들이 필자가 **보안 스택**^{security stack}으로 생각하는 것이다.

스파이더

보안 운영 센터가 가져야 할 역량을 고려할 때 거미와 연관 지어 생각할 수 있다. 거미의 각 요소는 각자 고유한 목적을 가진다. 거미의 다리에는 작은 털들이 있고, 그 털들은 위험이 존재하거나 포식자가 도착했을 때 해당 위험을 감지할 수 있도록 해준다.

정보 보안과 거미를 관련 지어 보면 아래와 같이 생각할 수 있다.

- 언제 위험을 발생한지 **알고자** 모든 기능이 같이 동작하는가?
- 조직을 **보호하고자** 모든 기능이 같이 동작하는가?

각 다리에서 **운영**하는 것은 반드시 그 상태를 몸체로 **보고**해야(보안 상태 분석) 하지만, 동시에 각 다리의 기능은 열린 커뮤니케이션을 통해 서로의 상태를 조율할 수 있어야 한다(데이터 공개 및 공유).

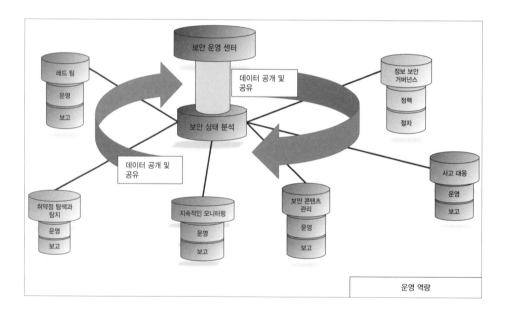

팀의 역량

여러 팀의 역량을 조금 더 깊게 생각해 보자.

1. 각 팀은 관리 차원에서 설정된 **핵심 성과 지표**^{KPI, Key Performance Indicator}를 측정하는 핵심 프로세스 집합이 있다.

2. 여러 기준에 대한 편차를 확인하는 과정은 **탐색 및 탐지** 단계에 포함된다.

3. 리스크 수준을 평가하고 기준에 미치지 못하는 사항에 조치를 취하는 과정은 **위험 조치** 단계에 포함된다.

4. 각 단계에서 다른 팀들과 공유가 돼야 하는 데이터는 **데이터 공개 및 공유** 단계에 포함된다.

5. KPI의 모니터링은 **보안 상태 분석**에 각 팀이 정보를 입력해야 완성된다(이는 F3EAD 프로세스를 통해 수행된다).

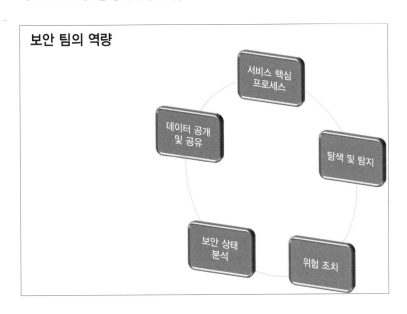

우리는 각 팀의 측정 프로세스의 결과 혹은 관리 팀이 알아야 할 정보들을 공유해야 한다는 것을 알고 있다. 다음 그림에 표현된 것처럼 이러한 핵심 역량들을 F3EAD 프로세스에 적용해 보자.

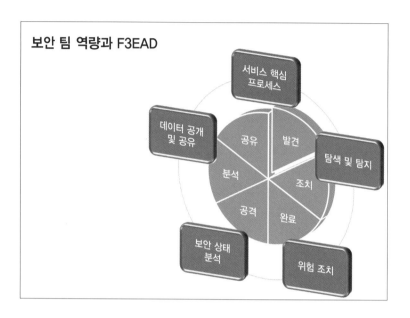

이제 통신 채널을 구축해 이러한 보안 팀의 모든 기능과 목표로 하는 프로세스가 사이버 인텔리전스를 통해 보안 운영 센터에서 함께 작동할 수 있는지를 이해할 수 있어야 한다.

▌ 역량 상세 – 보안 구성 관리

SOC에 인텔리전스를 전달하는 것과 관련해 보안 역량의 개념을 더 잘 이해하고자 조직의 보안 기준을 설정하는 서비스인 보안 구성 관리를 사용해 각 단계를 어떻게 통합할 수 있는지 살펴보자.

> ℹ️ 보안 설정 관리에서 사이버 인텔리전스 기능을 어떻게 구축할 수 있는지는 추후 논의할 것이다.

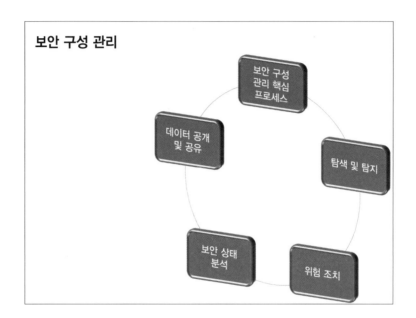

위의 그림을 가이드로 이용해 보안 구성 관리SCM, Security Configuration Management가 제공해야 할 기능을 자세히 살펴보자.

1. 핵심 프로세스는 무엇인가?

2. 어떻게 서비스가 프로세스들을 작동시킬 수 있는가?(탐색 및 탐지)

3. 어떻게 서비스가 적절한 관련 팀들에게 통보하고 위험을 줄일 수 있는가?(위험 조치)

4. 어떻게 서비스가 각자의 책임 안에서 보안 상태를 평가할 수 있는가?(보안 상태 분석)

5. 어떻게 서비스가 정보를 상호, 또는 상위 팀들과 함께 공유할 수 있는가?(정보 공개 및 공유)

보안 구성 관리 – 핵심 프로세스

보안 구성 관리 서비스의 역할은 다음과 같다.

- 네트워크에 있는 모든 기술의 보안 기준 개발
- 적용 가능한 관련 팀들에게 기준 공유
- 조직의 기준에 부합하지 않는 제어 방식 등을 스캐닝해서 보고
- 모든 예외 요청 검토에서 지원은 위험 요소

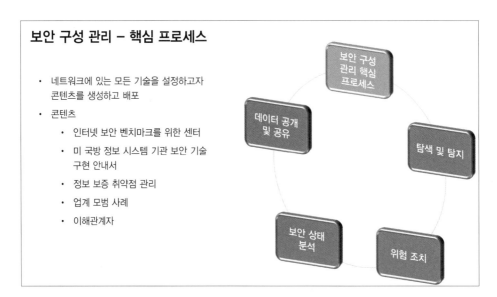

보안 구성 관리 – 탐색 및 탐지

탐색 및 탐지는 다양한 보안 도구를 이용해 조직의 기준을 준수하지 않는 규제를 스캐닝하고 보고하는 것이다.

- OS 구성
- 네트워크 구성
- 응용 프로그램 보안 구성

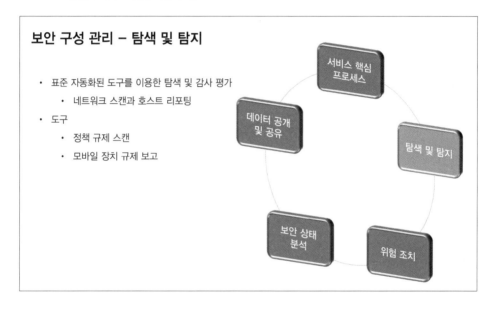

보안 구성 관리 – 탐색 및 탐지

- 표준 자동화된 도구를 이용한 탐색 및 감사 평가
  - 네트워크 스캔과 호스트 리포팅
- 도구
  - 정책 규제 스캔
  - 모바일 장치 규제 보고

서비스 핵심 프로세스

데이터 공개 및 공유

탐색 및 탐지

보안 상태 분석

위험 조치

보안 구성 관리 – 위험 조치

각 규제에 대한 위험 수준은 규제가 나온 조직에 의해 결정된다. 기준이 여러 곳에서 개발됐다면 규제의 위험은 정책 변경 관리 절차에 따라 논의되고 변경될 수 있다.

비준수 규제에 대한 보고서를 제공해 관계자가 조치를 취하고 패치할 수 있는 유예 기간을 갖도록 하거나 비준수에 대한 예외를 요청할 수 있도록 한다. 이 유예 기간이 지나면 규제는 관계자의 위험 점수에 반영된다.

각 팀에 일반적인 보고서로 결과가 제공돼 분석과 위험 조치 행위를 시작한다.

보안 구성 관리 – 보안 상태 분석

이 단계에서 정책을 준수하지 않은 모든 사항은 이해관계자가 검토할 수 있도록 계산된 위험 지표로 제공된다. **보안 상태 분석**에서는 다음과 같은 여러 범주의 지표에 대한 준수 상태를 제공한다.

- 운영 체제
- 지역
- 국가
- 응용 프로그램

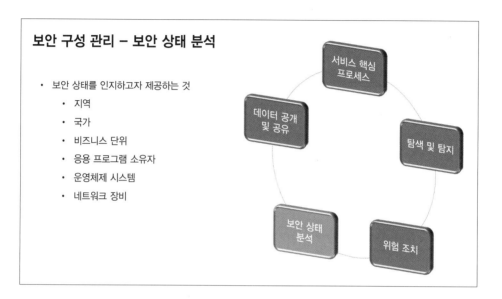

보안 구성 관리 – 데이터 공개 및 공유

사이버 인텔리전스는 수평/수직 커뮤니케이션 서비스의 능력에 따라 좌우된다.

- **수평**: 운영 팀
- **수직**: F3EAD 프로세스와 보안 상태 분석을 통한 전술적 단계 SOC

답변해야 할 핵심 질문은 아래와 같다.

- 이 정보를 알아야 하는 사람은 누구인가?
  - 조치의 영향은?
  - 프로세스와 분석에 참조해야 하는가?

- 알아야 하는 것은 무엇인가?
  - 이 요구 사항을 어떻게 전달하는가?
  - 수행해야 하는 정보를 가공해서 조치를 취할 수 있는가?

이 단계 마지막에서 정보는 조치를 위해 적절한 형태로 알맞은 사람에게 전달돼야 한다. 다음은 서비스 기능과 SOC와 어떻게 통합했는지 보여 주는 그래프다.

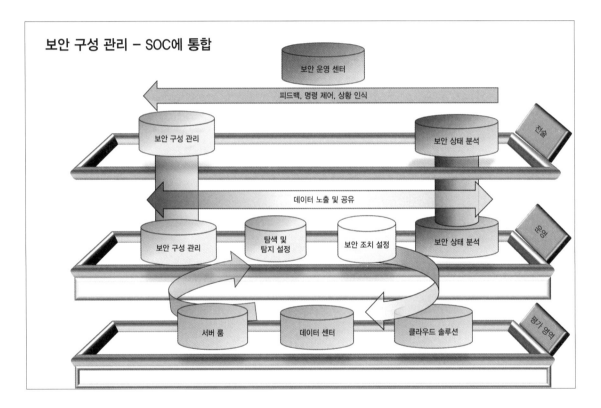

위의 그림에 3계층이 있다.

- 전술
- 운영
- 평가 영역

전술 계층에서 보이는 바와 같이 보안 콘텐츠 관리는 SOC와 함께 인터페이스를 서비스한다. SOC는 책임 있는 다른 모든 서비스와 이 특정 서비스를 위해 **피드백, 명령 및 제어, 상황 인식**을 제공받는다.

반시계 방향으로 진행되는 이 서비스는 핵심 프로세스를 통해 **전술** 시작이 **운영** 수준으로 내려간다. **운영** 수준에서 운영 팀과 이해관계자 간의 인터페이스가 있다. SCM 서비스는 평가 영역의 이해관계자와의 커뮤니케이션을 통해 위험을 발견하고 감지하며 위험을 줄이거나 줄이지 못할 수 있다.

팀과 이해관계자 간의 지속적인 의사소통과 상호작용을 통해 수집되는 데이터는 **전술** 수준으로 이동하기 위해 **운영** 수준에서 조정된다. 정상 보고인 경우 정보는 정상 보고 채널을 통과하고 특정 대상 데이터에 대한 사이버 인텔리전스 정보는 F3EAD 프로세스를 거쳐 **전술** 수준까지 진행된다.

▌ 서막 – 서비스처럼 통합하기

이제 서비스 과정을 SOC에서 인식하도록 통합할 수 있는 방법을 이해했으므로 유사 서비스를 통합하고 동일한 결과를 얻는 방법을 살펴보자.

SCM과 가장 호환이 잘되는 서비스는 **취약점 관리**(VM, Vulnerability Management)다. SCM이 표준 구성 집합을 검색하고 비준 수를 검색하는 것처럼 VM은 시스템에 존재하는 응용 프로그램을 보고 보안 패치가 최신인지 확인하고 취약점을 찾는다. 여기서 가장 큰 차이점은 윈도우7(Windows7) 기준으로 50개의 표준 규제가 있는 경우 SCM은 50개의 규제만 검색한 시스템 수를 곱한 결과를 확인해 유한한 결과를 생성한다는 것이다. 그러나 VM은 시스템의 OS 및 모든 응용 프로그램을 확인한다. 각 시스템에 동일한 이미지 및 응용 프로그램 라이브러리(VM 또는 가상 응용 프로그램의 라이브러리)가 없는 한 결과는 더욱 동적이다. 추후 VM을 표준화하는 방법을 더 자세히 논의할 것이다.

8장에서 배운 용어를 사용해 이런 서비스를 다양하게 살펴보자.

보안 구성 관리 서비스에 대한 핵심 프로세스, 탐색 탐지, 위험 조치 및 보안 분석을 요약하면 다음과 같다.

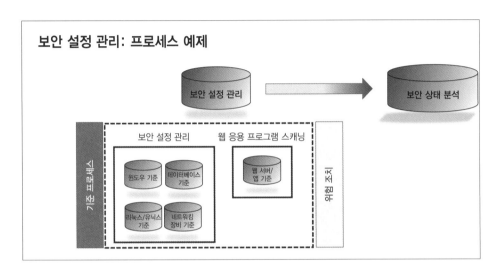

취약점 관리 서비스에 대한 핵심 프로세스, 탐색 탐지, 위험 조치 및 보안 분석을 요약하면 다음과 같다.

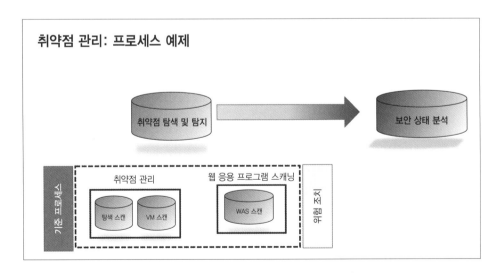

둘 사이에서 커뮤니케이션이 가능하도록 하는 가장 중요한 부분은 데이터 공개 및 공유다. 데이터 공개 및 공유는 서비스와 같다. 또한 같은 시스템을 스캔하기 때문에 통합보고서의 개념에 대해 논의해 온 것이다. 시스템에서 수정해야 할 사항을 알려 주는 한두 개의 보고서가 있기 때문에 통합 보고서를 제안하는 것일까? 사실 사이버 보안 팀이무작위 보고서를 계속해서 보내기 때문에 나중에 수정해야 할 사항을 우선순위로 정할수 없다고 말하는 관계자를 많이 만났다.

궁극적으로 달성하려는 것은 보안 상태 분석을 통해 서로 상호작용할 수 있는 거미의두 다리와 같은 것이다. 다음 그림이 이 개념을 설명해 준다.

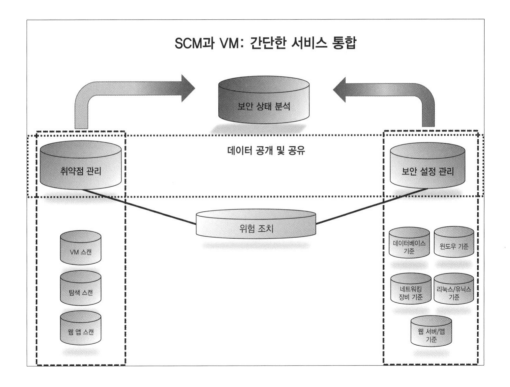

여러 서비스에서 사이버 인텔리전스 통합

기존 정보 보안 조직의 동일한 프로세스에 적용할 수 있는 대상을 공격하고자 다양한 방법을 통합한 서비스나 팀을 생각할 때 레드 팀^{red team}을 고려하게 된다.

개요 – 레드 팀 방법론

레드 팀은 사이버 킬 체인에 대해 배운 것과 비슷한 자체 방법론을 사용해 조직 직원의 통제 및 행동을 테스트하고자 여러 가지 방법을 이용한다.

- **정찰**^{reconnaissance}
  - 공격 대상에서 찾고자 하는 것은 무엇인가?
  - 약점은 어디에 있는가?
  - 어떻게 공격하는가?
- **무기화**^{weaponization}
  - 발견된 취약점을 악용하려면 무엇을 개발해야 하는가?
- **전달**^{delivery}
  - 어떻게 전달하는가?
- **공격**^{exploitation}
  - 우리가 원하는 것을 공격하기 위한 취약점을 어떻게 얻을 수 있는가?
- **사후 공격**^{post-exploitation}
  - 시스템에 침입했다. 이제 무엇을 할 것인가?
- **보고**^{reporting}
  - 원하는 것을 얻었는가?
  - 그 이유는 무엇인가?
  - 누가 알아야 하는가?

레드 팀 – 테스팅 유형

이 팀이 수행하는 테스트 유형은 임무 완수를 위해 제공되는 정보의 양에 따라 달라진다.

화이트 박스

이 팀은 목표, 미션 및 미션을 완료하는 데 필요한 모든 정보를 제공받는다.

- **장점**
  - 이전 단계에서 소요되는 시간을 줄여 준다.
  - 특정 영역에 중점을 둔 테스트다.
- **단점**
  - 모든 정보가 팀에 알려져 있으므로 현실적이지 않다.

그레이 박스

이 팀은 목표, 임무 및 임무를 완료하기 위한 몇 가지 정보를 제공받는다.

- **장점**
  - 불완전한 정보를 제공해 팀이 정찰 단계에서 발견된 알려지지 않은 취약점을 악용할 수 있으며, 일부는 현실적이다.
- **단점**
  - 이전 단계에 소요된 시간이 증가한다.

블랙 박스

이 팀은 목표, 미션 및 미션을 완료하기 위한 정보를 제공받지 못한다.

- **장점**
  - 테스트는 편견 없이 수행된다.
  - 조직이 수행할 수 있는 가장 현실적인 방법이다.
    - 알려진 취약점 검증

- 여러 팀의 규제와 프로세스
  - 지속적인 모니터링
  - SIEM
  - 권한 접근 관리
- 단점
  - 대부분 시간과 자원이 집중된다.
  - 인프라 영역은 테스트되지 않을 수 있다.

레드 팀 제약

이 팀에는 많은 제약이 있지만 세 가지 주요 사항만 나열하면 다음과 같다.

- **시간**
  - 모든 프로젝트와 마찬가지로 자원은 영원히 지속될 수 없다. 정해진 시작 및 종료 날짜가 있다.
  - 레드 팀은 이 점을 염두에 둬야 하지만, 공격자는 원하는 시간을 걱정할 필요가 없다.
- **스킬셋**skillset
  - 사내 팀인 경우 최신 TTP를 지속적으로 훈련하지 않으면 스킬셋이 부족하게 된다.
  - 팀이 아웃소싱하는 경우 해당 기술 세트에 대한 프리미엄을 지불하게 된다.
- **수행 규칙**
  - 레드 팀에는 따라야 하는 규칙이 있으며, 다음은 공격할 수 없다.
    - 네트워크 및 시스템 제품
    - 취약점 범위에 벗어난 것:

- 가족 구성원
- 이웃
- 개인 홈 네트워크

레드 팀 – 그래픽 표현

레드 팀이 무엇인지에 대한 기본 개념과 이 팀에 속한 제약 조건을 살펴보았다. 팀이 보고서를 통해 계약 종료 시 평가를 제공하면 이러한 결과는 전체 보안 상태 분석 조정 지점으로 이동해 전술 수준의 SOC로 전달된다. 아래 그림과 같다.

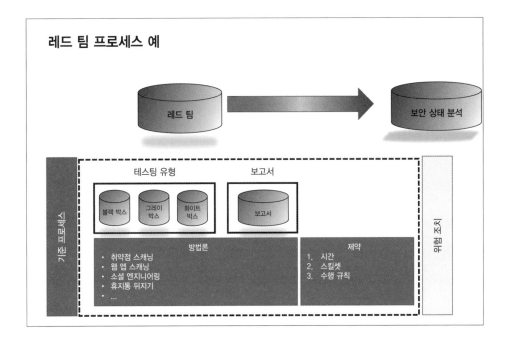

데이터 통합 과제

먼저 우리는 앞에서 살펴본 바와 같이 "봐, 진짜 쉽지. 우리가 해야 할 일은 사용자에게 비준수non-compliance, 취약점, 레드 팀 보고서를 제공하는 거야. 사용자들은 이제 조심하게 될 거야!"라고 말할 것이다. 하지만 안타깝게도 감사가 끝났을 때 나쁜 소식을 좋아하는 사람은 아무도 없다는 점을 알게 될 것이다. 서비스로서 보안은 (중요할지라도) 관계자가 할 일이 더 많기 때문에 운영에 대한 부담으로 여겨진다. '이거 수정해라, 저거 수정해라' 하는 것은 짜증나는 문제다. 따라서 보안 서비스 정보 통합을 생각할 때 최종 사용자는 물론 서로에 대한 사이버 인텔리전스로 데이터를 전달하는 방법도 생각해야 한다.

우리는 보고가 분류해야 할 또 다른 CSV가 되고, 우리가 제공하는 정보가 실행 가능하기를 원한다. 이제 데이터 통합과 관련해 다양한 관점에서 어떤 문제가 발생하는지 살펴보자.

사용자 관점

- 각 서비스에서 받은 세 보고서가 있다면 무엇을 해야 하는가?
    - 여기에 없다는 보고서 1개를 받았다고 상상해 보자. 그런 다음 같은 내용의 또 다른 2개의 보고서를 받았다. 내가 사용자라면 수정해야 할 사항, 이유, 방법을 설명하는 단일 보고서를 받을 것이다.
- 어디서부터 시작하는가? 무엇을 먼저 조치하나?
    - 보고서를 받았는데 먼저 수정해야 할 사항에 대한 지침이 전혀 없으면 신경이 쓰인다.
    - 통합 정보에는 최소한 시작점이 포함돼야 한다.
        - 예를 들어 왕관의 보석 정도로 중요한 시스템을 먼저 수정할지? 아니면 백금, 금, 은, 구리 등

서비스 관점 – 사이버 인텔리전스 – 데이터 공개 및 공유

- 누가 내 정보를 알아야 하는가?
  - 세 가지 서비스는 단지 예제일 뿐이고, 팀이 개발한 정보를 알고자 하는
    서비스가 있다. 어떤 서비스인지 파악하고 알아내야 한다.

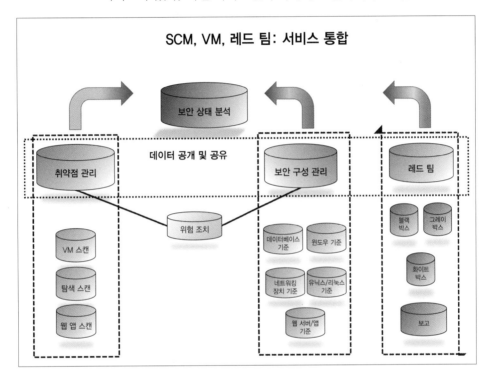

- 다른 서비스가 알아야 하는 것은 무엇인가?
  - 다른 팀이 알아야 할 사항과 빈도를 파악할 수 있어야 한다.
  - 서비스 간 주요 위험 지표를 개발하라.
  - 자동화된 사이버 인텔리전스 대시보드를 만들 수 있다.

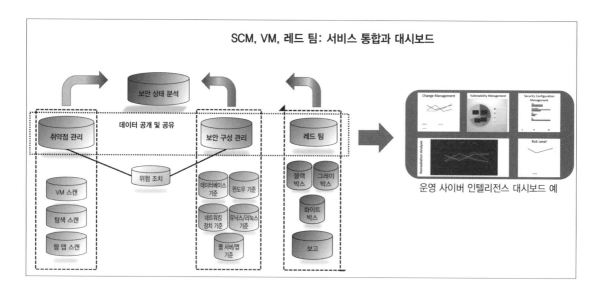

SCM, VM, 레드 팀: 서비스 통합과 대시보드

운영 사이버 인텔리전스 대시보드 예

- 결과는 어떻게 추적할 것인가? 발견된 결과를 해결하려면 어떻게 해야 하는가?
  - ◦ 왼손은 오른손이 하는 일을 알아야 한다. 이 정보를 서로 공유하는 팀도 동일하다.
  - ◦ 레드 팀과 취약점 관리 팀이 기본 프로세스에서 동일한 취약점을 발견한 경우 위험 조치 프로세스에서 (동시에) 취약점이 해결된 시점을 아는 것이 좋다.

SOC 관점

- SCM, VM, 레드 팀에서 수집한 정보를 어떻게 유용하게 만들 수 있는가?
  - ◦ 어느 지역이 다른 지역에 비해 더 중요한가?
- 정보 수집 결과가 조직의 전반적인 보안에 어떤 영향을 주는가?
  - ◦ SCM, VM, 레드 팀 결과 외에도 조직의 보안 상태를 이해하는 데 적합해야 한다.
  - ◦ 정보를 어떻게 표현할 수 있을까?
  - ◦ 전술적 사이버 인텔리전스 대시보드 생성을 자동화하라.

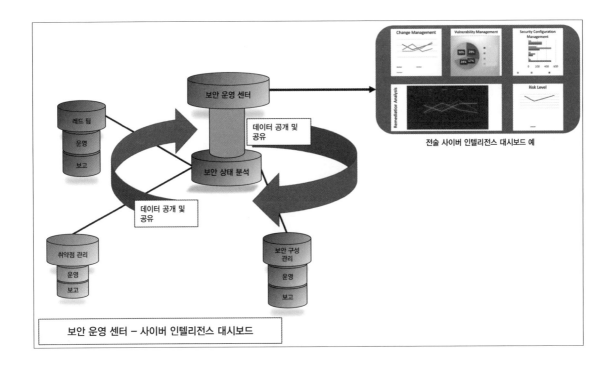

전술 사이버 인텔리전스 대시보드 예

보안 운영 센터 – 사이버 인텔리전스 대시보드

▌ 능력 성숙도 모델 – 정보 보안과 사이버 인텔리전스

모든 후속 섹션에서는 능력 성숙도 모델: 정보 보안과 사이버 인텔리전스로 발전한다. 3개의 서비스가 서로 연결하기 복잡한 상황에서 더 많은 서비스를 추가해 서로 연결하기만 하면 더 복잡해진다. 다시 말하지만 간단한 작업은 아니지만 최소한 기본을 구축하고, 팀 간의 의사소통 능력과 전술 수준에서 정보를 제공하는 방법에 대한 내부 기대를 관리할 수 있다.

다음은 살펴볼 내용을 요약한 것이다.

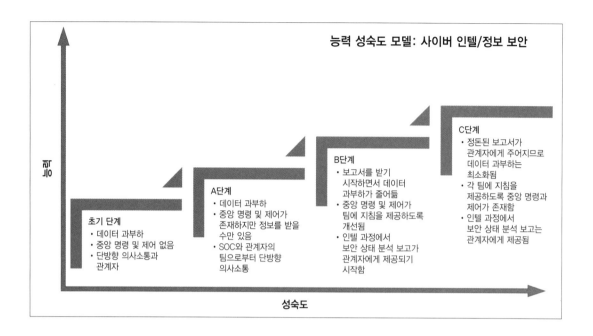

능력 성숙도 모델: 정보 보안과 사이버 인텔 – 초기 단계

다음 그림에서 정보 보안 팀이 고객에게 여러 보고서를 제공하고 있음을 알 수 있다. 고객은 자체 프로세스를 통해 위험을 개선할 책임이 있다.

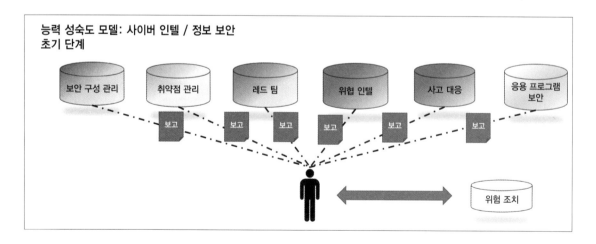

이 단계의 주요 특징은 다음과 같다.

- 고객이 접시에 너무 많은 것을 갖고 있어 단순히 포기하는 경우 **데이터 과부하** 를 고려한다.
- 듣고 있는 사람에게 방송하는 단방향 길 또는 라디오다.
- 정보 보안 팀 간에 상호작용이 부족하다.
- 수정에 대한 책임이 없다.

능력 성숙도 모델: 정보 보안과 사이버 인텔 – A단계

이 그림을 보면 SOC에 대한 보고서의 중앙집중화와 다소 비슷해지기 시작한다. 이 시점에서 SOC는 그다지 성숙하지는 않지만 팀으로부터 받은 정보를 수집한다는 것을 알수 있다.

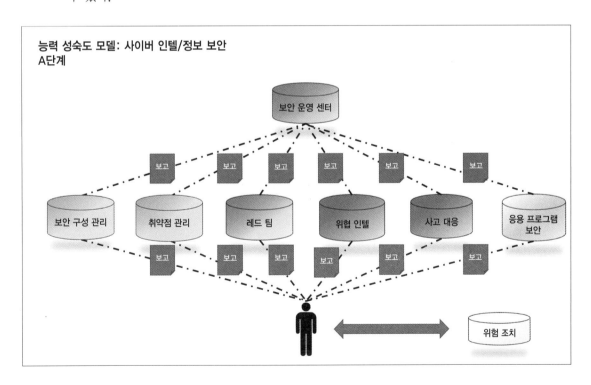

다음은 이 단계의 주요 특징이다.

- 고객과 SOC에 여러 개의 보고서를 전달되는 **데이터 과부하**의 또 다른 형태다.
- 여전히 (더 긴) 일방통행 길이거나 라디오를 듣는 사람에게 방송하는 라디오 형태다.
- 정보 보안 팀 간의 상호작용이 여전히 부족하다.
- 수정에 대한 책임이 없다.

능력 성숙도 모델: 정보 보안과 사이버 인텔 – B단계

이 단계에서는 팀에 대한 보고의 통합과 고객 및 SOC에 대한 보고의 변경 사항을 확인한다. 이 시점에서 정보를 보안 상태 분석에서 처리하기 시작하며, 정보는 이해관계자에게 가장 큰 가치를 제공하고자 양방향으로 분석된다. 그러나 여전히 어떤 위험을 감수해야 하는지에 대해 혼란을 야기할 수도 있고 그렇지 않을 수도 있다는 보고서가 여러 개 있다는 것을 알 수 있다.

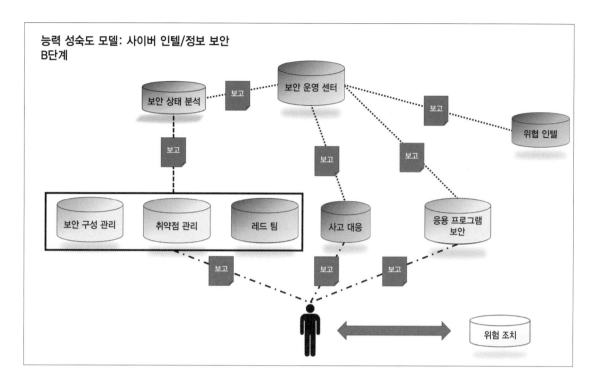

능력 성숙도 모델: 사이버 인텔/정보 보안
B단계

보안 상태 분석 — 보고 — 보안 운영 센터 — 보고 — 위협 인텔

보고

보안 구성 관리 / 취약점 관리 / 레드 팀 / 사고 대응 / 응용 프로그램 보안

보고 / 보고 / 보고

위험 조치

다음은 이 단계의 주요 특징이다.

- 보고 기능이 정돈되면서 고객에게 **데이터 과부하**가 발생하거나 존재하지 않을 수 있다.
- SOC는 서비스의 보고서를 분석하기 시작하고 팀에게 지침과 지시를 제공한다.
- 1차선 도로는 운영 수준에서 전술 수준까지 고객을 오가는 2개의 차선이 되기 시작한다.
- 정보 보안 팀 간의 상호작용이 개선됐지만, 서로 완전히 상호작용하지는 않는다.
- 커뮤니케이션이 향상됨에 따라 고객은 수정해야 할 사항과 시기를 더 잘 알고 있다. 관계 구축 및 거버넌스 개선은 해결된 결과에 대한 책임에 기여할 것이다.

능력 성숙도 모델: 정보 보안과 사이버 인텔 – C단계

이 능력 성숙도 모델의 C단계는 정보 보안 팀이 서로 완전히 상호작용하고 SOC 및 고객에게 유용한 정보를 제공하는 바람직한 최종 상태다.

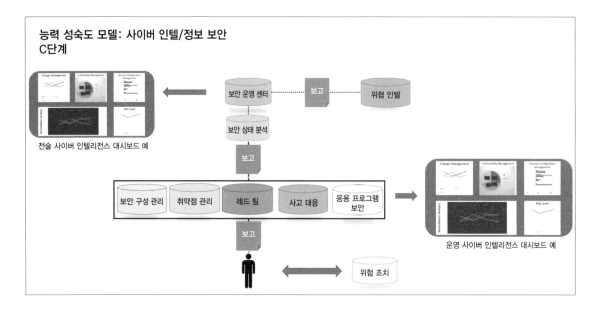

이 단계의 주요 특징은 다음과 같다.

- **데이터 과부하**가 최소이거나 고객의 요구에 맞게 보고되므로 고객에게는 존재하지 않는다.
- SOC는 서비스의 보고서를 지속적으로 분석할 수 있으며, 커뮤니케이션 채널을 통한 PIR이 아래로, 옆으로 흘러가고 백업에 따라 팀에 지침과 지시를 제공한다.
- **고객을 오가는 두 가지 길**: 운영 수준에서 전술 수준으로 고속도로가 됐다.
- 정보 보안 팀 간에는 완전한 상호작용이 있다.

협업 + 능력 = 능동 방어

8장에서 제공한 예제들은 **협업 + 능력 = 능동 방어**^{Active Defense}의 이 절로 귀결된다. 1~7장에서 언급했듯이 능동 방어는 방어^{defend} 및 해킹^{hack back} 또는 방어^{defend} 및 공격^{strike}으로 간주되지 않아도 된다. 조직의 보안 서비스는 정보를 통해 사용자 정의된 정보를 기반으로 의사결정을 내릴 수 있을 때 관계자에게 가치를 제공한다. 관계자를 위한 맞춤형 인텔리전스를 개발함으로써 OODA 루프의 속도를 높일 수 있는 유연성을 제공하도록 보고와 관계를 지속적으로 만들어 갈 수 있다. **지속성을 위해 외부 및 내부 PIR를 조치하는 데 필요한 통신 채널을 만들었고 능동 방어도 가능하다.**

요약

8장은 내용이 긴 만큼 이해할 내용이 많았다. 다룬 내용을 요약하면 다음과 같다.

- 핵심 보안 서비스 기본 사항을 토론했다.
- 보안 운영 센터 기능을 이야기했다.
- 서비스를 통합하고 의사소통을 향상시키는 방법을 토론했다.
- 사이버 인텔리전스를 가능하게 하는 정보 보안을 위한 능력 성숙도 모델을 논의했다.
- **협업 + 능력 = 능동 방어**

09

사이버 인텔리전스 운영

사이버 인텔리전스가 IT 운영과 IT 보안에만 국한된 것은 아니다. 우리가 논의하지 않은 측면에서 사용자를 정보의 원천으로 활용할 수 있다. 교육을 통해 사용자가 스캐닝, 모니터링, 프로세스에서 누락된 사항을 보고하는 데 도움을 줄 수 있다.

9장에서 다음 내용을 살펴볼 것이다.

- 사용자를 사이버 인텔리전스로 통합
- 현재의 보안 의식과 향후 방향
- 능력 성숙도 모델 보안 의식

▌ 차이

지금까지 능력 성숙도 모델에서 우리의 현재 위치와 도달하고 싶은 위치의 차이를 살펴봤다. IT 운영과 IT 보안 사이의 차이를 (지금까지) 해소해 왔다.

다음의 방법을 사용해 팀들 간 조화를 이룰 수 있는 몇 가지 방법을 이야기했다.

- 서비스 수준 협약
- 조직 수준 협약
- 프로세스
- 정책 및 절차

그러나 이외 다른 차이도 고려해야 한다. 사용자, 이해관계자 또는 고객은 우리가 제공하는 모든 서비스의 수신자다.

IT와 정보 보안InfoSec은 공식 또는 비공식 채널로 의사소통하고자 유용한 정보를 만드는 것이 중요하다. 반면에 사용자는 의사 결정에 필요한 사이버 인텔리전스를 활용한다.

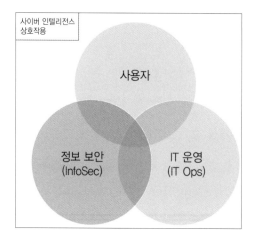

사용자 공간을 흥미롭게 만드는 것은 정보 보안^{InfoSec}/IT 운영^{IT Ops} 간 상호작용 수준이 논의한 방식으로 제한된다는 것이다.

- 사용자는 적절한 정책과 절차를 사용해야 한다.
- 사용자는 조직 정책에 동의해야 한다.

협력은 이 책에서 말하고자 하는 주제이기 때문에 사용자를 함께 작업해야 하는 개체로 봐야 한다. 오직 정책만 강조해서는 안 된다.

█ 다른 시각으로 보기

보안 의식을 생각할 때 중요한 교육뿐만 아니라 의사결정에 유용한 정보(사이버 인텔리전스)를 통해 사용자와 접촉할 수 있는 많은 기회가 있다. 종종 보안 의식 팀을 볼 때면 단지 좋은 사이버 보안 방법만을 강조하고, 조직의 관례를 다시 한번 강조하려는 콘텐츠 개발로만 보게 된다.

다음과 같은 질문을 한 적이 있는가? 그 밖에 무엇을 할 수 있는가?

보안 의식은 IT 운영^{IT ops}, 정보 보안^{InfoSec}, 사용자 간의 인터페이스라고 생각한다. 지식이 힘이라면 보안 팀이 기존 관례와 사이버 보안의 방법을 뛰어넘을 수 있는 역량 개발의 기회를 가져야 한다. 이러한 역량 개발로 사용자가 조직의 또 다른 눈이 될 수 있도록 해야 한다.

논리

보안 의식은 전략적 단계에서 요구 사항을 수렴하고, 운영 단계에서 훈련과 교육을 제공하고자 자체적인 계획을 만드는 전술적 단계에 있다고 믿는 경향이 있다.

또한 SOC도 전술적 단계에 있으므로 지속적인 모니터링, 위협 인텔리전스, 사고 대응 기능도 이 단계에 있다고 생각할 수 있다.

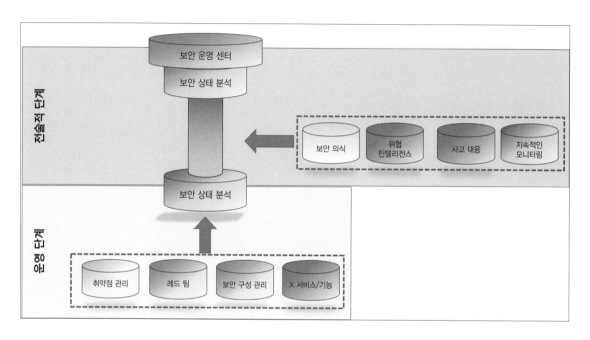

다음 다이어그램에서 설명하는 것처럼 이러한 각 기능들은 정보 보안^{InfoSec} 스파이더의 **보안 상태 분석**^{security state analysis}을 생성하는 데 도움이 된다.

또한 **데이터 노출과 공유**^{data exposure and sharing}가 서비스 간에 이뤄지므로 서로간에 모두 조정된다.

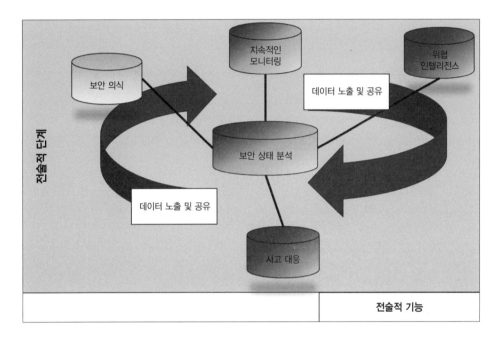

그러나 이러한 서비스들이 어떻게 서로 연결돼 있는가? 그것들은 모두 **이벤트**^{event}나 **사고**^{incident}를 보는 방법으로 연결돼 있다.

이벤트

정보 보안에서 **이벤트**는 시스템이나 프로세스의 정상적인 작동에서 벗어나는 사건이나 무언가를 의미한다.

다음 예들이 있다.

- 사용자는 금요일에 웹사이트에 접근할 수 없음을 보고한다.
- 방화벽 규칙이 모르게 갱신됐다.
- 시스템 관리자는 사용자가 적절한 승인 없이 도메인 컨트롤러에 추가된 것을 보고한다.

사고

정보 보안에서 **사고**incident는 정보 시스템의 기밀성, 무결성 및/또는 가용성에 영향을 미치거나 위협을 일으키는 것이다.

다음 예들이 있다.

- 특정 지역에 서비스 거부 공격이 보고되고 있다.
- 정부 관계자의 개인식별 정보가 DarkNet 포럼에 개시됐다.
- 사용자가 링크를 클릭하고, 응용 프로그램을 다운로드하고 실행했으며, 시스템이 랜섬웨어에 의해 잠겨 있음을 보고한다.

이벤트와 사고를 정보 보안 기능에 매핑

다음 세 가지 서비스는 사고와 이벤트를 직접 처리한다.

- **위협 인텔리전스**
  - 위협 인텔리전스 피드로 보고된 사고나 이벤트에 외부적으로 초점을 맞춤
  - 강화된 사이버 인텔리전스 제공을 위해 외부 위협 인텔리전스를 해당 **내부** 시스템에 매핑함
- **사고 대응**
  - 보고된 사고나 이벤트에 내부적으로 초점을 맞춤
- **지속적인 모니터링**
  - 내부적 또는 외부적으로 수립된 기준선을 벗어난 이상치 평가에 집중함

데이터 노출 및 공유를 통해서 보안 의식은 적절한 **외부** 위협 소스를 사용자에게 전달할 수 있을 뿐만 아니라 훈련과 (공식적인 정책과 절차를 통한) 지원을 제공해 IT 운영$^{IT\ ops}$과 정보 보안^{InfoSec} 채널로 **내부 이벤트와 사고**를 보고할 수 있다.

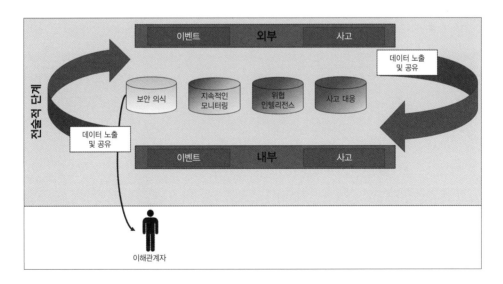

▌ 능력 성숙도 모델 – 보안 의식

다른 눈으로 볼 수 있도록 역량을 연결하는 여정을 시작하고자 보안 의식에 관한 능력
성숙도 모델의 다른 예를 보자.

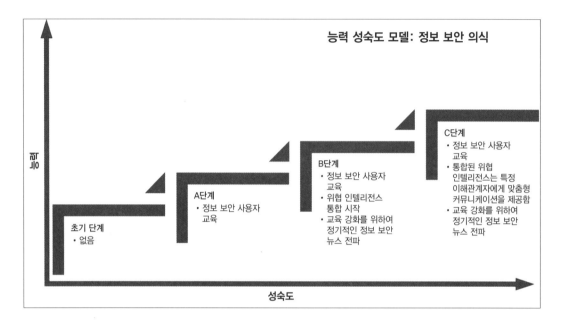

능력 성숙도 모델: 보안 의식 – 초기 단계

이 단계에서 사용자에게 아무것도 알리지 못한다. 보안 의식 기능이 개발 중인 다른 모든 기능보다 우선순위에서 낮기 때문이다. 하지만 조직에 중요하며 사용자에게 몇 가지 기본 항목을 수립해야 할 필요가 있다.

- 조직 시스템의 이용 허락
- 이메일 안전성

그러나 IT와 정보 보안 조직이 점점 성숙해짐에 따라 보안 의식 프로그램도 중요하다.

능력 성숙도 모델: 보안 의식 – A단계

A단계에서 보안 의식 프로그램은 조직에서 더욱 발전되고 받아들여진다. 전략적 수준에서 보안 의식 프로그램의 정책과 절차를 발표하기 시작한다. 기본 교육은 조직의 사용자에게 다음을 제공한다.

- 인터넷 안전성
- 사이버 위생 관리cyber hygiene
- 조직의 정책
- 조직의 절차

이 시점에 사용자는 할 일과 하지 말아야 할 일을 알고 있다. 보안 의식은 필요에 따라 자료를 업데이트해 기능을 유지한다.

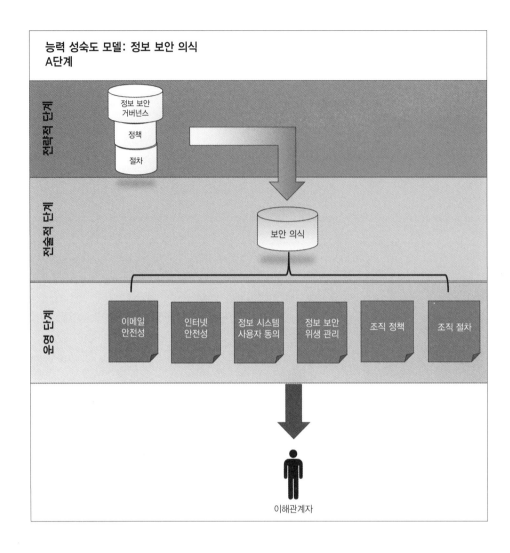

능력 성숙도 모델: 보안 의식 – B단계

보안 의식 능력 성숙도 모델의 B단계는 A단계와 같은 기본 교육을 제공하는 더욱 성숙한 서비스이지만, 매년 고객을 위한 교재를 새롭게 유지하고 교육을 강화한다.

226

사이버 공간에 존재하는 현재 위협에 대해 조직의 교육을 개선해야 한다. 이제 사용자가 파악하는 위협 인텔리전스 정보가 조직에 특정되지 않은 일반 보고서로 포함되는 것을 보게 된다. 그러나 정보의 종류를 알아두면 좋다. 제공된 위협 인텔리전스 정보는 특별한 요구에 맞춰 제공되지 않는다. 이 보고서는 정기적으로 이메일 뉴스레터 또는 정기적인 회의 중에도 나올 수 있다.

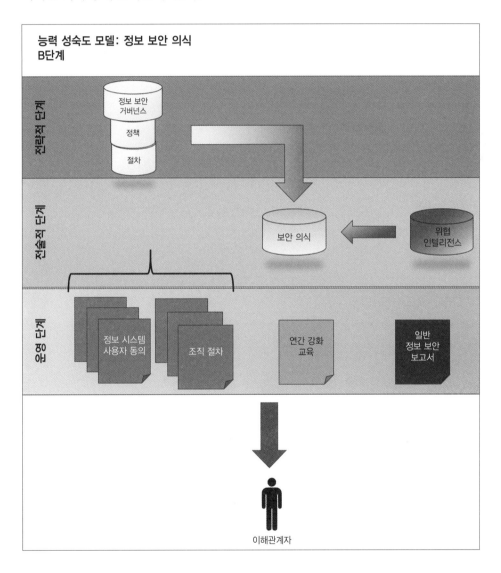

능력 성숙도 모델: 보안 의식 – C단계

C단계는 보안 의식 역량이 완전히 개발된 마지막 단계다. 위협 인텔리전스는 사용자가 활용할 수 있는 보고서로 제공된다. 예를 들어, 다음 그림에서 표시한 지역 사용자는 위협 인텔리전스에서 나타내는 국가의 위협 정보를 제공받는다. 이 정보를 활용하면 사이버 인텔리전스를 이용한 대응을 위한 의사결정에 활용할 수 있다.

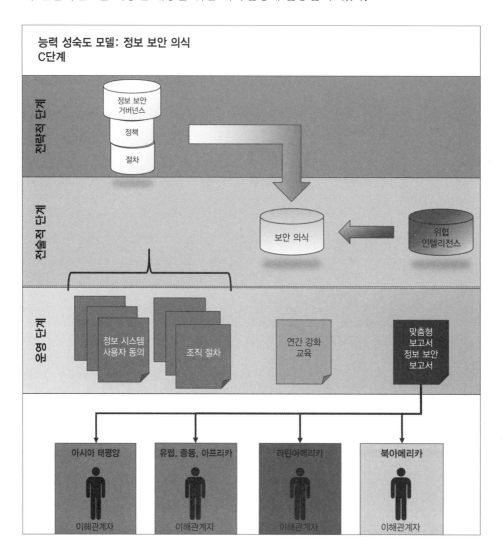

이 시점에서 혼란스러워도 당신 때문이 아니다. 필자가 던지는 질문은 다음과 같다.

- 능력 성숙도 모델을 기반으로 보안 의식 기능을 개발해 다른 관점으로 제공하는 방법은 무엇인가?

정답은 사용자를 IT 운영 프로세스에 통합하는 방법으로 우리가 모르는 것을 알 수 있도록 돕는 것이다.

능력 성숙도 모델: 보안 의식 – C+단계

C+단계는 지금까지 9장에서 설명한 모든 서비스의 결론이다. 실용적인 정보를 고객(사용자)에게 교육하고 제공함으로써 우리의 점검과 모니터링으로 놓칠 수도 있는 정보를 제공할 수 있다.

우리는 이 서비스들이 이벤트와 발생 가능한 사고를 매핑해 **데이터 노출 및 공유** 정보가 사용자 보고서로 보강돼 조직이 빠르게 조치하기를 바란다.

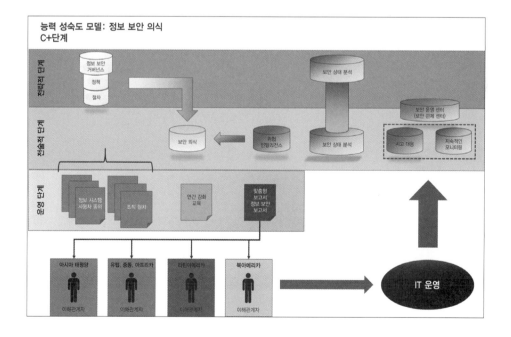

▌ 평범한 하루 파트 1

인도 뱅갈루루의 지독히 더운 날, 샌딥Sandeep은 에이컨이 설치된 건물에서 일하고 있는 것에 감사하고 있다. 2013년 CorQue Boards 주식회사는 그를 엔지니어로 채용했고, 현재는 전 세계에 분산돼 회로 기판을 제작하는 그룹의 수석 엔지니어 중 한 명이다. 회사는 그에게 듀얼 모니터를 갖춘 책상을 제공하고, 랩톱을 책상에 놓고 팀과 함께 제품을 디자인하고 개선하고 있다. IT 직원이 랩톱과 전화를 제공하는 것 외에 IT 부서와 거의 상호작용하는 것이 없다.

매년 HR 부서에서는 그에게 연간 사이버 위험 교육을 완료해야 한다고 이메일을 통해 알린다. 샌딥은 포털에 로그인해서 살펴볼 때 성가신 생각이 들었다.

한편 폴란드 바르샤바에는 말고르자타Malgorzata(일명, 고샤gosia)가 그녀에게 지정된 아시아 태평양 지역에 다음 호 코크 보드CorQue Boards 정보 보안 뉴스레터를 작성한다. 그녀는 해당 지역에 교육 및 정보 보안 소식을 작성하는 팀에 소속돼 있다. 팀 구성원의 업무는 해당 지역, 국가 또는 특정 사업부에 영향을 줄 수 있는 위협에 대한 최신 정보를 지역 IT 부서에 제공하는 것이다. 그녀는 일을 잘 하고 싶어했기 때문에 위협 피드를 놓치는 경우를 대비하고자 오픈 소스 인텔리전스의 다른 소스를 확인한다.

그녀는 트위터 글을 읽은 후 APT 1.8이 또 다른 랜섬웨어 활동으로 다시 등장했다고 생각했다. APT 1.8은 사회 공학적 기법을 사용해 사내 IT 헬프 데스크로 위장해 바이러스 백신 소프트웨어를 사용자가 다운로드하도록 하는 것으로 잘 알려져 있다. "어, 이미 이 사람들에 관해서 뉴스레터를 올렸는데" 고샤가 혼잣말을 했다. "좀 더 흥미롭게 뭔가를 써야만 할 것 같은데."

샌딥은 그의 교육을 꾸준히 받고 있었다.

　　"링크를 클릭하지 마세요."

　　"뭔가를 보게 된다면 말하세요."

"당신에게 ⋯ 상기시켜 줍니다."

"이것은 최악의 ⋯ 매년 45분간의 '대화형' 교육과 퀴즈입니다. 교육을 끝내기 위해서는 ⋯ 만약 퀴즈를 맞추지 못하면 다시 시작해야 합니다. 처음부터!" 샌딥은 한숨을 쉬었다⋯. *땡

오 지금? 샌딥은 심호흡을 하고 편지함을 열었다.

FROM: IT.HELP@CO.RQUE.NET

받는 사람: 〈숨겨진 수신자〉

SUBJ: IT HELPDESK- "ANTIVIRUS UPDATE"

중요도: 높음

FROM 필드가 @corque.com이 아닌 것을 알게 됐고, 샌딥은 약간 당황했다.

이메일이 어디에서 발송됐고, 회사 이메일인지, 도메인이 올바른지 확인해야 한다는 교육 내용이 기억났다. 호기심에 샌딥은 이메일을 열어서 읽었다.

친애하는 사용자에게,

아시다시피, 전 세계에 랜섬웨어가 증가하고 있으며, IT 팀에서는 데이터가 항상 보호되도록 최선을 다하고 있습니다. 이러한 유형의 악성코드를 탐지하기 위한 우수한 모니터링 기능 외에도 잘 알려진 사이버 보안회사 'SeaQuenchAle'를 통해 추가적인 보호 기능을 구입했습니다. 이 추가 보호 기능을 이용하기 위해서 시간이 허락하는 한 즉시 이 링크를 따라 다운로드하고 설치하십시오. 24시간 이내에 완료되지 않으면 이 응용 프로그램이 시스템에 강제 적용되고, 강제 재시작될 것이고, 저장되지 않은 데이터는 손실될 것입니다.

협조해 주셔서 감사합니다.

– IT 헬프 데스크

링크에 마우스 커서를 올려놓으면 URL을 미리 볼 수 있다는 것을 배운 샌딥은 링크가 전혀 연속적인 도메인에 연결이 안 된 것을 발견했다. 그는 "정말 이상해"라고 했다. 이 것이 사실일 수도 또는 아닐 수도 있다는 것을 알고, 샌딥은 IT 헬프 데스크에 지원을 요청하기로 결정했다.

> "안녕하세요 당신 부서로부터 몇 가지 추가적인 보호 앱과 뭔가를 설치하라고 이메일을 받았습니다. 이것은 올바르지 않은 것 같습니다."

> "네?" 지네쉬(Jidnesh)가 말했다. "모든 사람들이 그 메일을 받았습니다. 사고 대응 이메일로 보내 주면 분석하겠습니다. 후속 조치를 취할 수 있도록 티켓을 열겠습니다. 뭔가 진행되는 것처럼 보이네요."

샌딥과 IT 헬프 데스크 팀은 무슨 일이 일어나는지 알아낼 것인가?

CorQue는 공격을 당할 것인가?

CorQue Boards는 이 상황을 어떻게 처리할까?

다음에 계속…

▍ 요약

9장에서는 다음 내용을 살펴봤다.

- 사용자를 사이버 인텔리전스에 통합
- 지금의 보안 의식과 향후 방향
- 능력 성숙도 모델 – 보안 의식

10장에서는 사이버 인텔리전스와 지속적인 모니터링을 토론하면서 샌딥과 친구들의 운명을 더 살펴볼 것이다.

10

정상과 이상의 기준

손에 손가락이 있지만 각 손가락마다 측정 항목을 만들어 개체를 잡을 수 있는 능력이 있는지 판단하지 않는다. 각 손가락에는 용도가 있으며, 한 손가락은 집기 위한 것이고, 한 손가락은 안정시키는 것 등의 역할이 있다. 물론 우리는 판단력을 개선할 수 있겠지만, 먼저 파악해야 할 것이 무엇인지(정상의 기준baseline), 판단력을 향상시키는 것이 무엇인지(개선을 위해 이상징후anomaly를 이해하는 것) 배워야 한다.

10장에서는 팀 전반에 걸쳐 우리 네트워크에 존재하는 정상과 이상의 기준(비정상)을 이해하는 방법을 설명한다. 운영은 잠시 중단할 수 있는 썰물과 같은 시기가 있고 흐름이 있기 때문에 일상적인 업무에서 정상을 정의할 수 있다. 다음 내용을 논의해 보자.

- 지속적인 모니터링 과제
- 지속적인 모니터링 능력 성숙도 모델
- 방어력을 향상시키기 위한 지속적인 모니터링 기능의 통합 사례

▌ 캠프 준비하기

필자는 전투를 위해 필드 훈련에서 많은 시간을 보냈고 숲에서 뛰어다니며 시간을 보냈다. 우리는 멈추고 쉬기도 해야 한다. 밤에 야영하기로 결정한 장소가 어디에 있든, 지휘부는 방어진지를 만들기 좋은 토대가 있음을 알려 준다.

다음은 몇 가지 예다.

1. 공개된 장소에 방어막을 설치하면 안 된다. 적들이 당신의 강점과 취약점을 볼 수 있기 때문이다.
   - **사이버 인텔리전스 응용 프로그램**
     - 보안 인식을 잘 훈련하면 공격당하는 사용자가 한 명 줄어든다.
     - 공격자에 대한 가시성을 낮추면(IT 운영 체제와 IT 보안 간의 협업을 통해) 공격 벡터가 감소한다.
2. 공격을 당하고 있다면 쉽게 넘어가면 안 된다. 당신의 강점으로 유인해야 한다.
   - **사이버 인텔리전스 응용 프로그램**
     - 능동적인 방어 기술 − 적을 가장 잘 찾아 낼 수 있는 위치로 유인하라.
3. 모든 움직임을 파악하고자 주변 지역을 볼 수 있는 위치에 캠프를 설치하라.
   - **사이버 인텔리전스 응용 프로그램**
     - 올바른 IT 운영과 정보 보안 프로세스를 가능하게 해 정상의 범위 안에서 이상을 식별할 수 있다.

정상과 이상의 기준

IT에 익숙하고 도구를 이용해 네트워크에서 트래픽 수준을 지켜본 경험이 있다면 정상의 기준을 세우는 것은 비교의 시작부터라는 것을 알고 있을 것이다. 기준은 정상[normal]적인 것으로 간주할 수 있고, 반대로 이상[anomaly]은 기준에 벗어나는 것이다. 이런 이상 징후는 판단하고 있는 정상의 기준에 긍정적 영향이나 부정적인 영향을 미칠 수 있다.

정상이 무엇인지 정의하고 그 정상에 대해 판단해야 하기 때문에 정상의 기준을 설정하는 것이 어려울 수 있다. 우리는 특정 시간에 관심이 있는 항목의 정기적인 활동을 모니터링함으로써 정상의 기준을 정의한다.

다음은 정상 기준에 벗어난 이상의 예다.

- 일주일에 다섯 번 이상 액세스할 수 없는 디렉터리에 액세스하려는 일반 사용자
- 비업무 시간대에 네트워크 사용량 급증

~라면 어떻게 될까[what if](많은 양의 정상 기준을 설정할 수 있게 해주는)라는 구문으로 정상과 이상의 기준을 판단하기 전에, 사이버 인텔리전스에 초점을 맞춰 IT 운영과 IT 보안 사이의 몇 가지 항목에서 정상 기준선에 대한 편차를 식별하는 지속적인 모니터링[continuous monitoring] 기능을 살펴보자.

▎ 지속적인 모니터링 – 도전 과제

전투에서는 양쪽에서 서로 통신할 수 있는 위치에 충분히 근접한 곳에 참호를 파고, 박격포로 인한 단일 공격으로 다수의 사상자가 발생하지 않을 정도로 멀리 떨어져 있게 한다. 지휘관의 참호[1]는 더 뒤에 있을 수 있지만, 리더가 전투의 열기 속에서 필요에 따

---

1 참호란 야전에서 적의 공격에 대비하는 방어 설비. 적의 총포탄에 의한 피해를 최소한으로 막고, 전투를 자유롭게 수행할 수 있도록 땅을 파서 만든 도랑을 가리킨다. – 옮긴이

라 팀과 대화할 수 있도록 팀이 자리 잡은 곳을 전체적으로 볼 수 있다.

전투 준비를 하는 것과 마찬가지로 IT 부서에서는 각각의 작업을 파악하고자 오른손과 왼손이 필요하다. 위의 예에서 로컬 사업 단위를 소대라고 생각한다면 비교적 복잡한 대대, 연대 또는 여단을 기업으로 생각할 수 있다.

1부

또 다른 도전 과제는 정상을 판단하는 것뿐만 아니라 감시가 필요한 주체를 정하는 것이다.

예를 들어 다음 다이어그램을 살펴보자.

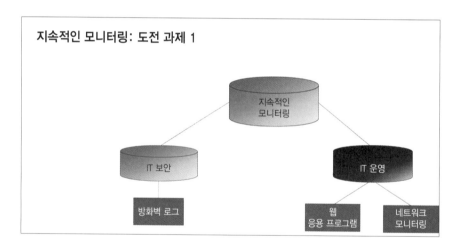

이 개념은 비교적 간단하다.

- IT 보안에서 방화벽 로그를 검토한다.
- IT 운영에서 웹 응용 프로그램을 관리하고 네트워크를 모니터링한다.

2부

현실은 매우 다르며 몇 가지 사항을 고려해야 한다.

- 자체 로그가 있는 여러 유형의 방화벽이 있다. 방화벽별로 로그를 검토해야 한다.
    - 네트워크 세그먼트 간 네트워크 방화벽
    - 각 웹 응용 프로그램 방화벽 로그
- IT 운영에서 유지 관리해야 하는 여러 응용 프로그램이 있다.
- 모니터링하고 관리해야 할 여러 도메인이 있다.

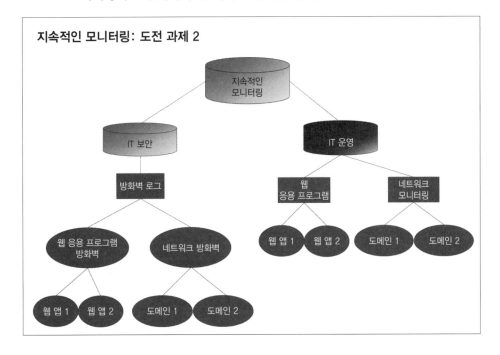

이 그림에서 2개의 웹 응용 프로그램과 2개의 도메인으로 시작했다. 훈련받지 못한 사람에게는 다음 그림과 같이 RASCI에서 항목을 관리하도록 설정한 것만큼 솔루션이 간단하다고 가정한다.

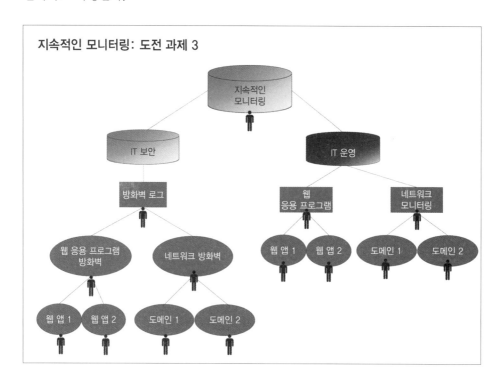

그러나 한두 사람이 전체 IT의 지속적인 모니터링 기능에 대한 책임을 진다는 것은 아니다.

3부

모든 정보를 분석해야 하는 상황에서 리소스가 부족한 IT팀에게 최종 결과는 극도로 피곤해지고 과한 정보다.

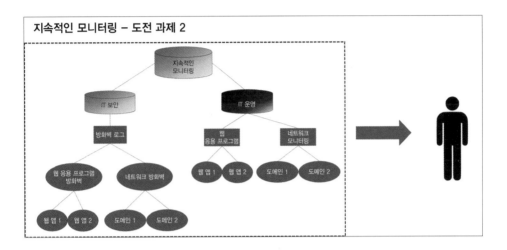

중소기업 또는 대기업의 경우 매일 이런 정보를 처리한다. 정보를 분류해 보자.

1부와 2부에서도 딜레마에 대한 몇 가지 사항을 이해해야 한다.

- 전술 커뮤니케이션 채널을 구축하는 방법은 무엇인가?
  - 어떤 문제가 발생하면 IT 보안은 IT 운영과 어떻게 이야기하는가?
  - 어떤 문제가 발생하면 IT 운영은 IT 보안과 어떻게 이야기하는가?
- 정보 과부하 및 소모를 줄이고자 할 수 있는 일은 무엇인가?
  - 검토해야 할 정보는 무엇인가?
  - 자동화할 수 있는가?

▌ 능력 성숙도 모델 – 지속적인 모니터링 개요

매우 높은 수준에서 IT 운영 및 IT 보안 조직 모두가 이해할 수 있는 지속적인 모니터링 기능의 토대를 마련해야 한다. 이 논의를 두 단계에 집중할 것이다.

1단계에서는 단일 프로세스, 팀 또는 기능에 대한 지속적인 모니터링을 가능하게 하고자 적용해야 하는 일반화된 능력 성숙도 모델을 논의한다.

2단계에서는 목표 프로세스, 팀 또는 기능에 지속적인 모니터링을 통합해 1단계로부터 어떻게 구축할 것인지를 논의한다.

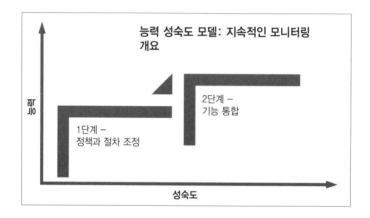

지속적으로 모니터링할 수 있는 모든 항목을 검토하지는 않겠다. 이 글의 핵심은 아니며, 모든 항목을 검토하는 것은 다른 책의 주제가 될 수 있기 때문이다.

따라서 먼저 IT 운영 및 IT 보안을 통해 기업을 모니터링하는 방법을 이해하는 것부터 시작해 보자.

1단계 A단계

1단계 A단계에는 따라야 하는 자체 정책과 절차가 있는 두 요소가 있다. 두 팀은 정책과 절차에 따라 자신의 정상 기준을 점검하고, 규정 준수에서 전술적 수준에서 전략적 수준까지 보고할 수 있다.

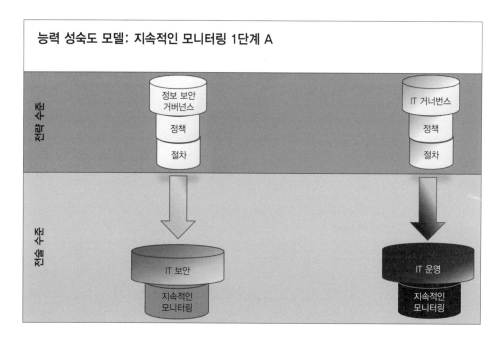

앞의 그림은 상호작용이 거의 없는 자신의 영역만 고수하는 조직 또는 기능의 예다. 견제와 균형이 없고, 두 팀 모두 상대방이 실제로 무엇을 하고 있는지 알지 못한다.

1단계 B단계

1단계 B단계에서는 모니터링해야 하는 특정 항목의 정책을 어떻게 조정할 수 있는지 살펴보기 시작한다. 우리는 F3EAD 프로세스를 사용해 정보의 차이 또는 이해관계자와의 의사소통 문제를 목표로 삼을 수 있다. 문제를 이해하고 나면 조직과 서비스 제공 업체 간의 팀과 SLA 간의 OLA 설정을 유도하는 정책을 개발할 수 있다.

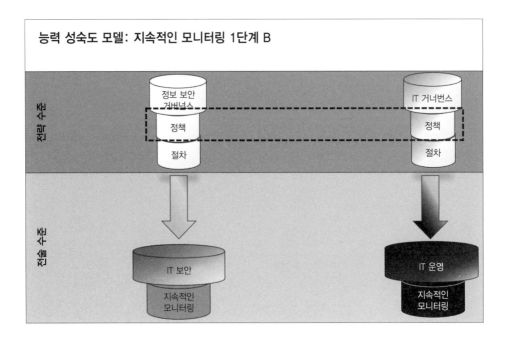

모니터링할 항목의 정책을 수립함으로써 특정 주제에 대해 IT 운영과 IT 보안 간의 협업을 공식화한다. 이제 무엇을 모니터링해야 하는지, 모니터링해야 할 필요성이 확립됐다.

1단계 C단계

1단계 C단계는 조직 간에 대화하고 모니터링하는 방법을 수립한다. 정책을 형식화해서 정책이 개발되기도 하고, 이런 절차가 또 만들어지기를 희망한다. 어느 쪽이든, 그렇지 않은 경우 C단계에서 다음과 같이 한다. 현재 프로세스에서 항목을 지속적으로 모니터링해서 문제를 찾고 이를 80% 솔루션으로 개선한다.

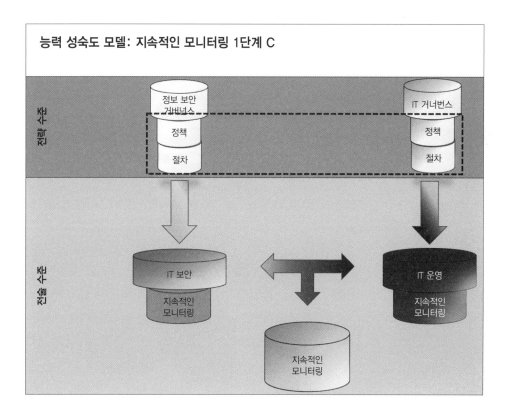

이제 지속적인 모니터링이 무엇인지 개요를 살펴보았으니 일부 기능과 통합을 시작해 보자.

▌ 능력 성숙도 모델: 지속적인 모니터링 2단계

지속적인 모니터링 기능은 IT 보안 및 IT 운영에서 제공하는 지속적인 모니터링 항목의 입력을 통해 보안 상태 분석을 제공한다. 보안 상태 분석 기능이 추구하는 최종 상태는 서로 영향을 줄 수 있는 항목을 모니터링하고, 전반적인 보안 분석을 위한 입력을 제공하고자 두 조직 간에 견고하게 상호작용하는 것이다. 모니터링되는 항목은 두 조직이 합의한 PIR로 우선순위를 정해야 하며, 모니터링 절차에서 따라야 하는 정책으로 반영할 수 있다.

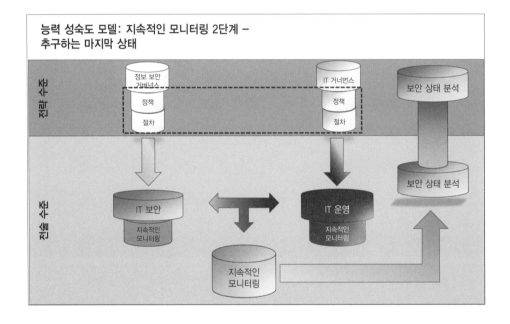

앞의 그림은 포괄적으로 개념을 설명하지만, 지속적인 모니터링 기능은 각 조직 내의 팀 간 여러 상호작용과 자체 간의 상호작용으로 구성된다.

이 개념을 더 잘 설명하고자 몇 가지 시나리오를 사용하고, 모니터링할 항목에 능력 성숙도 모델을 적용해 보자. 여기서 고려해야 할 유일한 가정은 전략적 정책과 절차가 정의되고 전술적 절차가 개발돼야 한다는 것이다.

시나리오 1 – 자산 관리/취약점 스캔 자산 목록

- **문제:** 많은 IT 부서가 걱정하는 것은 네트워크에 등록 절차를 거치지 않은 항목으로 가짜 장치가 나온다는 것이다. 이런 일이 발생하는 이유로 잘못된 등록절차, 사용자의 과도한 권한 부여 또는 최적의 액세스 관리 정책의 부재 등이있다. 이유가 무엇이든 그것은 위험이며, 이것이 문제인지 그리고 일정 기간에걸쳐 이를 모니터링해 추이 분석을 얻는 방법을 이해해야 한다.
- **정상의 기준:** 자산 관리 데이터베이스는 조직의 시스템에 대한 마스터 데이터로 제공된다.
- **이상:** 자산 관리 데이터베이스에 없는 네트워크에서 발견된 시스템이다.
- **우선순위 정보 요청:** 네트워크 스캔에서 발견된 시스템 중 10% 이상이 목록에 없는 경우를 알아야 한다.

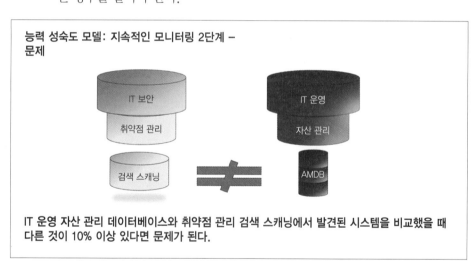

능력 성숙도 모델: 지속적인 모니터링 2단계 – 문제

IT 보안
취약점 관리
검색 스캐닝

≠

IT 운영
자산 관리
AMDB

IT 운영 자산 관리 데이터베이스와 취약점 관리 검색 스캐닝에서 발견된 시스템을 비교했을 때 다른 것이 10% 이상 있다면 문제가 된다.

- 주요 이해관계자
  - 취약점 관리
    - 이 기능은 취약점 스캔을 준비하는 서브넷에서 장치를 찾고자검색을 수행한다.

- 취약점 검색 데이터베이스가 정보 시스템 목록과 일치하는지 확인한다.
  - ○ **정보 시스템 관리**: 정보 시스템 목록을 추적 관리한다.
- **지속적인 모니터링**: 정보 시스템 자산 목록과 취약점 관리 시스템과 동기화하는 종단 간 프로세스 데이터베이스
  - ○ **주요 위험**: 네트워크에 있는 통제되지 않은 시스템은 보안상 위험이 있다.
- 대상 – 개요
  - ○ **초기 단계**: 핵심 인력과 계획
  - ○ **A단계**
    - 정책 개발 및 구축
    - 절차 개발 및 준비
  - ○ **B단계**: 서버 목록 작성
  - ○ **C단계**: 시스템 목록 및 범위 수정

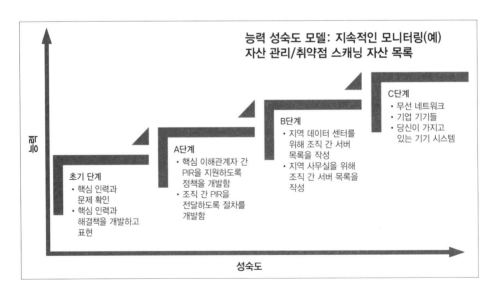

능력 성숙도 모델: 지속적인 모니터링(예)
자산 관리/취약점 스캐닝 자산 목록

성숙도

초기 단계
• 핵심 인력과 문제 확인
• 핵심 인력과 해결책을 개발하고 표현

A단계
• 핵심 이해관계자 간 PIR을 지원하도록 정책을 개발함
• 조직 간 PIR을 전달하도록 절차를 개발함

B단계
• 지역 데이터 센터를 위해 조직 간 서버 목록을 작성
• 지역 사무실을 위해 조직 간 서버 목록을 작성

C단계
• 무선 네트워크
• 기업 기기들
• 당신이 가지고 있는 기기 시스템

초기 단계

초기 단계는 주요 인력과 계획하는 단계다.

목표는 다음과 같다.

- 핵심 인력과 문제 확인
- 핵심 인력과 해결책을 개발하고 표현

단계 예:

1. 핵심 인력 확인
2. 핵심 인력과 함께
   - 자산 목록에서 시스템이 할당되고 비할당되는 시점에서 종단 간 프로세스를 그려라.
   - 시스템이 등록되고 취약점 관리 데이터베이스에서 등록이 해제된 시점부터 종단 간 프로세스를 그려라.
   - 프로세스가 교차하는 지점과 문서를 정의하라(있는 경우).
     - 시스템이 IT 운영 팀에 등록되면 언제 IT 보안 팀이 알아낼 수 있는가?
     - IT 보안이 데이터베이스에 없는 시스템을 발견하면 언제 IT 담당자에게 알릴 수 있는가?
   - 도전적 영역 또는 개선 영역에 대한 솔루션을 확인하고 제공하라.
     - 데이터베이스를 어떻게 동기화할 수 있는가?
     - 문제가 있을 때 알기 위해 KRI는 무엇을 해야 하는가?
     - 임곗값이 만족되면 어떻게 서로 보고할 수 있는가?
     - 임곗값이 만족되면 어떻게 감독관에게 보고하는가?

정보 수집

PIR을 다루는 주요 팀은 취약점 관리 팀과 자산 관리 팀이었다. 각 팀은 자산 목록 추적하고자 별도의 프로세스를 수행했다. 자산 관리 팀의 프로세스는 시스템 소유자가 네트워크에 있는 시스템을 중앙 데이터베이스에 기록하고 테스트하고 개발하거나 프로덕션 환경을 통해 추적하는 것이 필요했다.

- **항목 #1**: 프로세스 제어는 중앙집중화되지 않는다.
- **항목 #2**: 로컬 사무소의 소유권에 대한 책임 없이 시스템은 네트워크에 배치할 수 있다.

대부분의 상용 검색 도구는 구독을 기반으로 하므로 취약점 관리 팀은 도구 목록을 최신 상태로 유지해야 한다. 상용 도구로 검색하는 것은 도구 데이터베이스와 자산 관리 팀의 중앙 데이터베이스 사이에서 수행한다.

- **항목 #3**: 프로덕션 네트워크에서만 스캐닝이 진행된다.
- **항목 #4**: 프로덕션 네트워크에서 중앙 데이터베이스가 유지 관리되지 않는 경우 취약점 스캐닝 팀은 가장 정확한 보고서를 제공할 수 없다.

가능한 솔루션 개발

양 팀의 종단 간 프로세스를 검토한 결과 솔루션에 다음과 같은 예를 포함하기로 했다.

1. 중앙 자산 데이터베이스는 마스터 데이터로 간주한다.
2. 초기 발견의 조치는 정확한 PIR을 만족시키므로 자산 관리 프로세스 제어를 개발하고 구축이 필요하다.
3. 프로덕션 네트워크에서 완전히 분리됐기 때문에 개발과 테스팅 환경은 공격당할 위험이 낮다.
4. 탐색 스캐닝은 프로덕션 네트워크에서만 계속 수행한다.

5. 중앙 자산 데이터베이스에 있는 프로덕션은 분리돼 있기 때문에 **프로덕션**에서 발견된 시스템은 올바르게 분류돼 있지 않다.

6. 중앙 자산 데이터베이스에 없는 프로덕션에서 발견된 시스템은 완전히 네트워크에서 격리한다.

A단계

A단계는 지속적인 모니터링을 위해 PIR을 지원하는 정책과 절차를 개발하는 것이다.

1. 정책은 팀에게 PIR 절차를 달성하는 데 필요한 조치 과정을 제공해야 한다.

2. 절차는 팀 간에 정책이 어떻게 충족될지를 상세히 설명해야 한다.

절차 RASCI (예)

작업	정보 시스템 소유자	IT 운영 및 자산 관리	정보 보안 취약점 관리	보안 상태 분석
1. 자산 관리 데이터베이스		R/A		
2. 라벨 정보 시스템	R	A		
3. 탐색 스캔 네트워크	S	C	R/A	
4. 자산 관리 데이터베이스에서 발견된 검색 편차를 보고		A	R	I
5. 네트워크에서 격리	I	R/A		I

B단계

팀은 모든 것을 한꺼번에 처리할 수 없기 때문에 B단계는 다음 절에서 설명하는 두 부분으로 나뉜다.

지역별 데이터 센터

지역별 데이터 센터를 통합할 계획을 세우는 방법을 살펴보자.

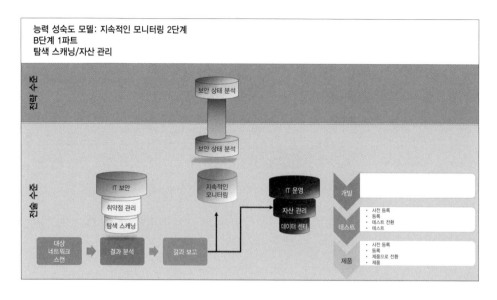

- 다음과 같은 이유로 지역별 데이터 센터에 집중하고 있다.
  - 데이터 센터 네트워크에 시스템을 배치하는 데 가장 논리적인 통제가 필요하다.
    - 개발, 테스트, 프로덕션 환경 분리
    - 사전 등록
    - 등록
    - 테스트 또는 제품으로 전환
  - 확실성의 기준이 있으며, 지역별 사무실로 가는 전반에 걸쳐 일관성을 보장하고자 개발한 프로세스를 테스트하고 구체화할 수 있다.
- IT 운영뿐만 아니라 사이버 인텔리전스를 목적으로 지속적으로 모니터링하는 보고가 진행돼 조치를 취하고 따를 수 있도록 한다는 점을 주목하라.

지역 사무실 환경

지금까지 지역 데이터 센터를 살펴보았고 현지 사무실로 가보자.

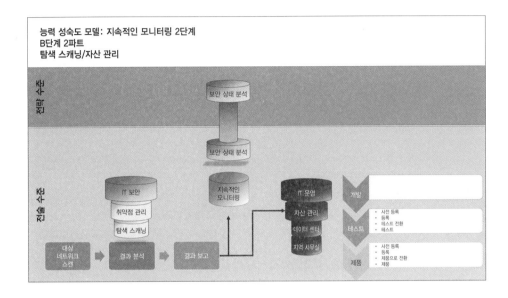

- 이전에 논의한 것처럼 지역 사무실에 집중해 보자. 시스템 소유자가 많은 제어 없이 시스템을 네트워크에 배치할 수 있기 때문이다.
    - 이 작업을 수행할 때 더 많은 위험이 있다.
    - 시스템 소유자를 교육하고 더 나은 프로세스를 확립할 수 있는 기회를 열어 준다.
- 다시 한번 IT 운영뿐만 아니라 사이버 인텔리전스를 목적으로 지속적으로 모니터링하는 보고가 진행돼 조치를 취하고 따를 수 있도록 한다는 점을 주목하라.

C단계

이제 데이터 센터와 지역 사무실에 있는 서버의 요구 사항에 대해 설명했으므로 다른 모든 사항을 다룰 수 있어야 한다.

C단계는 BYOD, 회사 워크스테이션/랩톱 등에 초점을 맞춘다. 조직에서 소유하는 것, 조직에서 소유하지 않은 것, 온라인 상태 및 오프라인 상태를 파악하는 것이 중요하기 때문이다.

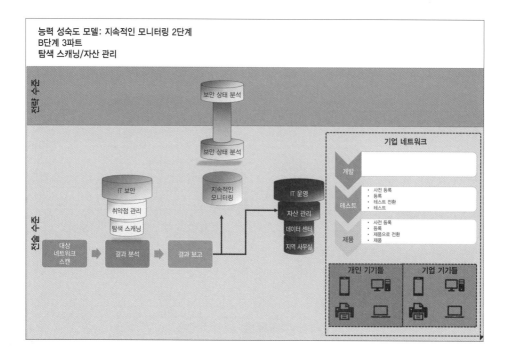

B단계에서 이런 기기를 위해 다음 내용을 확인하는 것이 좋다.

1. 기업 기기가 정보에 액세스하는 데 필요한 것은 무엇인가?
    ◦ 최신 패치
    ◦ 최신 바이러스 백신
    ◦ 적절하게 구성됨
2. 개인 기기가 네트워크에 연결하는 데 필요한 것은 무엇인가?
    ◦ BYOD를 위한 별도의 네트워크를 만들어야 하는가?
    ◦ 개인 기기에 특정 구성이 필요한가?

- 전화 사용을 위한 비밀번호/PIN/생체 인식
- 하드 드라이브 암호화
3. 네트워크에서 격리되거나 차단된 장치는 무엇인가?

시나리오 2 – 보안 인식/지속적인 모니터링/IT 헬프 데스크

보안 인식 C+단계에 대한 능력 성숙도 모델 다이어그램을 살펴보자.

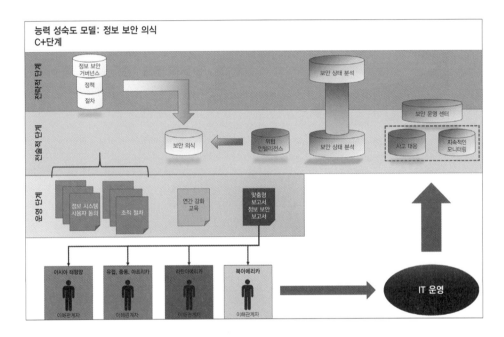

사용자가 사이버 인텔리전스를 IT 운영과 IT 보안에 적용할 수 있도록 보안 인식을 이용한다는 것을 이해했다면, 이제는 목표 PIR을 설정하고 정책과 절차를 통해 팀 간의 공동 작업을 지원해야 한다.

- **문제**: IT 사고가 특정 IT 보안/위협 인텔리전스 사고와 연관돼 있다면 이를 평가할 방법이 없다.

- **정상 기준**: IT 헬프 데스크와 IT 보안의 지속적인 모니터링을 통해 (전 세계적으로 25개 미만의) 무시할 만한 IT 사고가 근무 시간당 정보 보안 사고로 보고되고 있다.
- **이상 징후**: IT 헬프 데스크와 IT 보안의 지속적인 모니터링을 통해 (전 세계적으로 25개 이상의) 증가하고 있는 IT 사고가 근무 시간당 정보 보안 사고로 보고되고 있다.
- **우선순위 정보 요청 1**: 위협 정보가 IT 헬프 데스크에 보고된 사고와 언제 관련되는지를 알아야 한다.
- **우선순위 정보 요청 2**: 어떤 시스템에 언제 랜섬웨어(위치, 시간, 날짜 및 공격 경로)가 영향을 미치는지 알아야 한다.
- 대상 개요
  - **초기 단계**: 핵심 인력과 계획
  - A단계
    - 정책 개발 및 구축
    - 절차를 구현하기 위한 개발 및 준비
  - B단계
    - 보안 인식에 보안 인텔리전스를 통합해 사용자가 예외를 식별하고 보고할 수 있도록 한다. (PIR 1)
    - SOC와 IT 헬프 데스크를 위한 위협 인텔리전스와 헬프 데스크 상관 모니터링 기능을 개발한다. (PIR 1)
    - PIR 1의 주요 이해관계자에게 자동으로 이메일을 보고하도록 설정한다.
  - C단계: PIR 2의 주요 이해관계자에게 자동으로 보고하도록 설정한다.

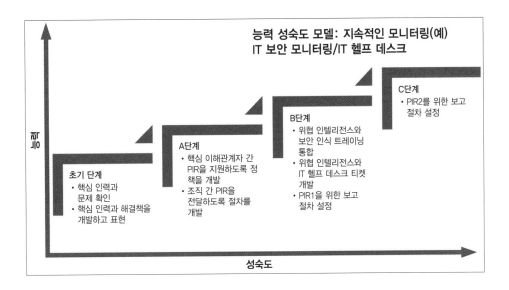

능력 성숙도 모델: 지속적인 모니터링(예)
IT 보안 모니터링/IT 헬프 데스크

초기 단계
• 핵심 인력과
  문제 확인
• 핵심 인력과 해결책을
  개발하고 표현

A단계
• 핵심 이해관계자 간
  PIR을 지원하도록 정
  책을 개발
• 조직 간 PIR을
  전달하도록 절차를
  개발

B단계
• 위협 인텔리전스와
  보안 인식 트레이닝
  통합
• 위협 인텔리전스와
  IT 헬프 데스크 티켓
  개발
• PIR1을 위한 보고
  절차 설정

C단계
• PIR2를 위한 보고
  절차 설정

성숙도

초기 단계

초기 단계는 주요 인력과 계획하는 단계다.

목표는 다음과 같다.

- 핵심 인력과 문제 확인
- 핵심 인력과 해결책을 개발하고 표현

단계 예:

1. 핵심 인력 확인
2. 핵심 인력과 함께
   - 위협 인텔리전스가 개발되는 방법에 따라 종단 간 프로세스를 그려라.
   - IT 헬프 데스크 사고 티켓을 생성하고 닫는 방법에 따라 종단 간 프로세스를 그려라.
   - 프로세스가 교차하는 지점과 문서를 정의하라.

- 문제가 되는 영역이나 개선 영역에 솔루션을 식별하고 제공하라.
    - 팀 간에 정보를 사용하고 상호 연관시킬 수 있는 방법은 무엇인가?
    - 문제가 있을 때 인식을 위한 KRI는 무엇인가?
    - 임곗값이 충족되면 어떻게 서로 보고할 수 있는가?
    - 임곗값이 충족되면 어떻게 우리 감독관에게 보고하는가?

정보 수집

이런 PIR을 해결하고자 식별된 초기 팀은 위협 인텔리전스 팀, 보안 인식 팀, 정보 보안 모니터링 팀, IT 헬프 데스크 팀이었다. 종단 간 프로세스를 완성시키려면 IT 보안 사고 대응 팀을 추가해야 한다.

위협 인텔리전스 팀은 해당 팀에 적절한 정보를 제공해야 한다.

- **항목 #1**: IT 헬프 데스크에 위협 인텔리전스가 제공되지 않아 사고 발생 가능성에 대한 인식이 부족하다.

보안 인식 팀은 사용자 훈련 및 교육을 담당한다.

- **항목 #2**: 이 시점에서 사용자를 교육하고자 지역과 관련된 위협 정보가 개발된다.

정보 보안 모니터링 팀은 다양한 기준선에서 이상 징후를 모니터링해야 한다.

- **항목 #3**: 사용자가 사고 업무로 투입하는 것을 인식하지 못한다.

IT 헬프 데스크 팀은 IT 사고 업무를 생성, 작업, 종결해야 한다.

- **항목 #4**: 위협 인텔리전스 및 IT 사고 업무와 상관관계가 없다.
- **항목 #5**: 팀에 제공할 위협 정보 또는 IOC 정보가 없다.

가능한 솔루션 개발

모든 팀의 종단 간 프로세스를 검토한 결과 솔루션에는 다음과 같은 예가 포함돼야 한다.

- 위협 정보 보고서는 사용자에게 보안 인식 기본 및 교육을 보완하도록 수정 가능해야 한다.
- 글로벌 IT 헬프 데스크는 보안 이슈를 나타내는 이슈 티켓을 만들 때 다음과 같은 필드가 필요하다.
  - 필수 필드 – 위치, 시간, 날짜, 잠재적 공격 벡터
- 잠재적인 보안 문제를 나타내는 이슈 티켓은 지속적인 모니터링 팀이 관찰한다.
  - 지속적인 모니터링은 X 기준에 따라 정보의 유효성을 검사하고 사고 대응팀으로 이동해 오탐인지 판단한다.

A단계

A단계는 지속적인 모니터링을 위해 PIR을 지원하기 위한 정책 및 절차를 개발하는 것이다.

- 정책은 PIR을 달성하는 데 필요한 조치 과정을 팀에 제공한다.
- 절차에서는 팀 간에 어떻게 정책을 충족하는지 자세히 설명해야 한다.

절차 RASCI (예)

조치	사용자	IT 보안 모니터링	IT 헬프 데스크	보안 인식	보안 상태 분석	IT 보안 사고 대응
커스터마이즈한 위협 인텔리전스 보고서 제공	I	I	I	R/A	S/C	
IT 헬프 데스크에 잠재적인 IT 보안 이벤트 및 사고 알림	R	C	A			
잠재적인 IT 보안 사고의 초기 보고서 검토		R/A	C	I		

조치	사용자	IT 보안 모니터링	IT 헬프 데스크	보안 인식	보안 상태 분석	IT 보안 사고 대응
IT 보안 사고 대응팀에 알림	I	R/A	S	S	I	
PIR 이해관계자에게 알림		R/A	S	S	I	I
주요 사고의 사용자에게 알림		S	S	R/A		
사고 대응 프로세스 수행	C	C	C	S	I	R/A

B단계와 C단계 – 질의 예

B단계는 이제 전체 절차를 구현하는 것으로 나눈다. RASCI 매트릭스를 이용해 우리는 누가 어떤 일을 하는지 이해했다면 이제 어떻게 해야 하는지 알아야 한다. 이런 사이버 인텔리전스 기능의 기반으로 서비스에서 설정해야 한다. B단계의 첫 번째 반복 작업을 명확히 하고자 각 대상에 나중에 사용할 수 있는 몇 가지 예비 질문은 다음과 같다.

어디에서 이 일을 처음 시작하는가?

- **보안 인식**
  - 이해관계자는 누구인가?
  - 사용자가 조치를 취하도록 보안 인식 커뮤니케이션을 할 때 어떤 정보를 넣는가?
  - 언제 어떻게 사고를 전달하는가?
- **IT 헬프 데스크**
  - 잠재적인 보안 사고를 나타내는 사용자 정의 필드를 어떻게 추가하는가?
  - 이를 IT 보안 지속적인 모니터링 팀에 어떻게 전달하는가?
- **지속적인 모니터링**
  - 할당된 IT 헬프 데스크의 이슈 티켓을 어떻게 활용할 수 있는가?
  - 사건이나 사건으로 무엇을 정의하는가?

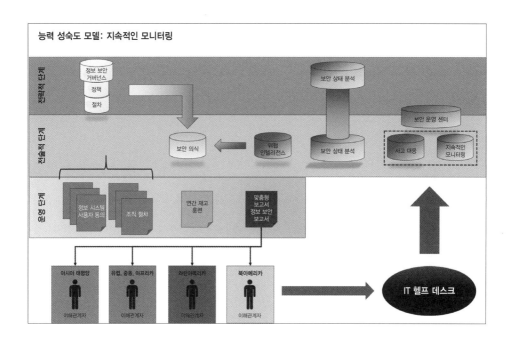

여기에서 궁극적인 목표는 정보를 수집해 해당 팀과 이해관계자에게 공유하는 것이다.

일단 이러한 의사소통이 확립되면 C단계로 이동할 수 있다. 이 단계는 결정을 내리는 데 필요한 특정 정보를 전달하는 단계다.

▌ 평범한 하루 파트 2

12:30 – 동부 표준시. 위치: 체스티 루이스 폴러Chesty Lewis Puller 보안 운영 센터, 버지니아 주 센트럴리아.

"찰스 있잖아. … 이것 좀 봐." 저스틴이 말했다.

SOC 매니저인 찰스는 걸어가서 모니터를 봤다. "APAC 주변에서 많은 이슈 티켓을 이메일로 보내고 있는 것처럼 보이는데."

"그래, 하지만 지금은 이것 좀 봐." 저스틴은 보안 대시보드를 가리켰다. "이 메일은 위협 인텔리전스 피드에 보고된 이벤트와 일치해."

우선순위 정보 요청
위협 정보가 IT 헬프 데스크에 보고되는 사고 티켓과 언제 연관되는지 알아야 한다.

"이런. 이슈 티켓이 얼마나 만들어졌어?" "여러 곳에서 약 50개 정도야. 인도, 말레이시아, 오스트레일리아, 일본." 그리고 저스틴이 말했다. "하지만 다른 문제가 있어."

"그래, 얼마나 많은 시스템이 영향을 받았지?"라고 찰스에게 물었다.

우선순위 정보 요청
모든 시스템이 언제 랜섬웨어에 영향을 받았는지 알아야 한다.
예) 위치, 시간, 날짜, 공격 벡터

"지금은 두 곳이야. 일본과 인도. 시스템은 즉시 격리됐고, 국가 IT 헬프 데스크 데스크 요원이 이미 네트워크에서 제외했어."

"보안 담당자의 이름이 어떻게 돼? 가능한 한 빨리 전화를 걸 수 있어?"

"일본의 타츠야^{Tatsuya}와 인도의 샌데프^{Sandeep}. 이미 13:00시에 전화로 통보 받았어." 저스틴이 말했다. "APAC 사고 대응 팀이 지금 함께 모여 있고 연락을 하는 동안 브리핑을 하고 있어."

"그리고..." 한 목소리가 방 넘어 들려왔다. "CIO와 CISO는 자동으로 이메일이 발송된 것을 알고 있어." 웬디는 사람들이 필요한 정보를 확보하는 보안 인식 팀에 있다.

"이미 폴란드의 고샤ᴳᵒˢⁱᵃ와 이야기했어. 그녀는 APAC을 위한 준비를 전부 마쳤고 사용자에게 전자 메일을 보내기 위해 대기 중이야. 초안이 여기 있어." 그녀가 찰스와 저스틴에게 사본을 건네준다.

그렇다. 찰스가 그 사본을 갖고 갈 때까지 몇 초가 걸린다. "가서 그 초안을 보내라고 그녀에게 말해 줘. 그들은 이미 끝났다고 상사에게 브리핑을 할 거야. 다른 일이 없다면 13:00시에 전화한 사람 모두를 볼 수 있겠지."

나중에 계속...

▌ 요약

10장에서는 사이버 인텔리전스 커뮤니케이션 채널을 구축해 조직의 지속적인 모니터링을 향상시킬 수 있는 방법을 맛보았다. 관련 정보를 전달하고자 서로 상호작용할 수 있는 여러 서비스가 있으며, 우리는 몇 가지를 경험했다.

정리하면 다음과 같은 내용을 논의했다.

- 지속적인 모니터링의 과제
- 지속적인 모니터링 능력 성숙도 모델
- 지속적인 모니터링 기능을 통합해 방어를 향상시킨 사례

그 밖에 어디에서 지속적인 모니터링을 개선할 수 있는가?

11

신속한 문제 해결

1~10장에서 지속적인 모니터링, 보안 의식, 위협 인텔리전스가 어떻게 사이버 인텔리전스 통신 채널을 만들 수 있는지 살펴봤다. 우리 주변의 외부 사고와 이벤트를 이해함으로써 일상 업무 중에 비정상적인 상황이 발생하면 IT 운영 부서(헬프 데스크)에 신고하도록 사용자에게 교육한다. 11장은 조직의 사고 대응 능력을 강화함으로써 기준선에 대한 예외 상황을 처리하는 방법을 다룬다.

다음 사항을 살펴본다.

- 사고 대응 프로세스
  - 준비
  - 탐지와 분석
  - 억제, 박멸, 복구

◦ 사후 활동
- F3EAD와 사고 대응 프로세스의 통합
- F3EAD와 사고 대응 및 인텔리전스 사이클 프로세스의 통합
- 사고 대응 능력 성숙도 모델 예

▌ 간략히 되짚어 보기

다음 다이어그램은 지금까지 살펴본 내용을 요약한 것이다.

- 정상적인 정보 시스템 동작에서 벗어나거나 또는 의심스러운 행위를 찾도록 사용자에게 교육한다면, 그래서 교육이 잘 된다면 모든 사용자가 조직을 보호하고자 노력하는 방어 체계로 향상될 것이다.
- 위협 인텔리전스를 팀에 맞도록 특화해 정의하면 지속적인 모니터링을 통해 헬프 데스크 같은 곳에서 조직에 영향을 끼칠 수 있는 위협을 알아차릴 수 있다.

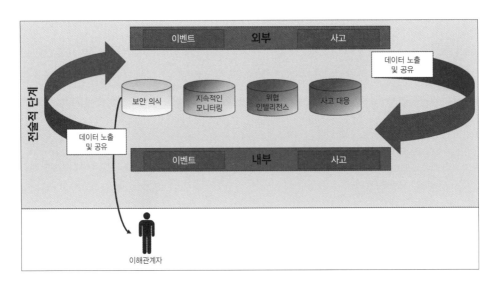

어떻게 사고 대응이 적용되는지 이해해야 한다.

▌ 개요 – 사고 대응

사고 대응팀의 구성원은 마치 만화에서 영웅과 같다. 문제가 발생할 때마다 그들은 조직을 구하고자 그곳에 있다. 사이버 인텔리전스 통신 채널을 만들고 수립함으로써 사고 대응 팀원들 간에 문제를 보다 잘 해결할 수 있도록 돕는다.

수행 방법을 이해하고자 사고 대응 프로세스를 살펴보자.

사고 대응 프로세스는 다음과 같이 4가지 주요 단계로 구성된다.

1. 준비
2. 탐지와 분석
3. 억제, 박멸, 복구
4. 사후 활동

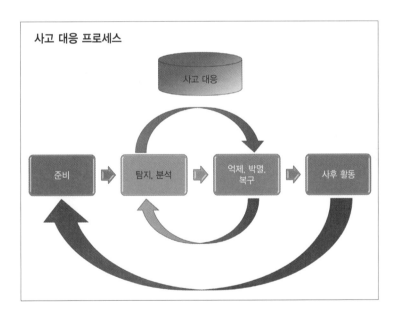

3단계와 4단계가 어떻게 순환되는지 주목해서 보자.

각 단계의 간략한 개요를 살펴보자.

 사고 대응을 위한 참조 가이드는 NIST 800-61 '컴퓨터 보안 사고 처리 가이드'다.
https://nvlpubs.nist.gov/nistpubs/specialpublications/nist.sp.800-61r2.pdf

준비와 예방

사고 대응의 첫 단계는 준비와 예방이다.

이 단계의 주요 활동은 다음과 같다.

- 핵심 인원 식별
- 정책과 절차의 개발
  - 시나리오 플레이북
  - RASCI 행렬[1]
- 보안 의식

탐지와 분석

사고 대응 프로세스의 두 번째 단계는 탐지와 분석의 2단계로 구성된다. 로그 분석, 네트워크 트래픽 모니터링 또는 다른 보안 도구를 통해 사고 또는 이벤트를 탐지하는 방법은 여러 가지가 있다. 다양한 도구로 다양한 공격 경로를 지속적으로 모니터링하면 사고 대응 팀 구성원이 사고와 이벤트에 대해 적절한 조치를 취할 수 있는 데이터 분석 정보를 얻을 수 있다.

---

1 RASCI 책임 행렬은 RASCI 행렬로 부르기도 하고, 작업(프로젝트, 서비스, 프로세스)에서 개인의 책임을 할당하고 표현하는 방법론의 한 가지이며, Responsible, Accountable, Support, Consulted, Infromed의 앞 글자다. - 옮긴이

억제, 박멸, 복구

일단 사고나 이벤트가 확인되면 상황 처리를 위해 적절한 조치를 취해야 한다.

- **억제**: 사고나 이벤트가 네트워크를 통해 확산되는 것을 방지하는 데 필요한 조치
- **박멸**: 위협을 네트워크나 시스템에서 완전히 제거하는 데 필요한 조치
- **복구**: 네트워크나 시스템을 이전의 기능과 사용할 수 있는 상태로 되돌리는 데 필요한 조치

사후 활동

학습으로 얻은 교훈과 마찬가지로 이 단계는 모든 단계에서 가장 중요한 부분이다. 이 단계가 올바르게 수행되면 조직은 통제나 실패한 프로세스에서 차이 나는 부분을 학습하는 데 필요한 정보를 얻을 수 있다. 조직에 미치는 영향을 줄이고자 모든 단계에서 조치를 취한다는 점에서 중요하다.

사고 대응 프로세스와 F3EAD 통합

이제 사고 대응 단계들의 기본 개념을 이해했고, 다음 다이어그램을 보면서 조직에 위협 인텔리전스 활용을 쉽게 하고자 각 단계를 어떻게 통합할 수 있는지 살펴보자.

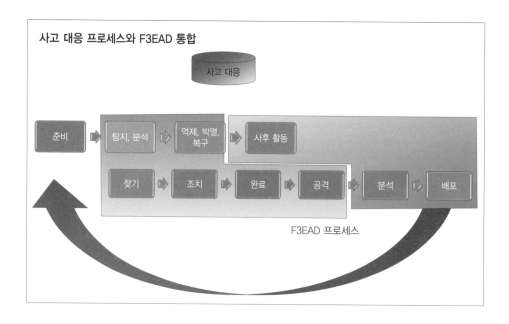

사고 대응의 **준비** 단계는 RASCI 행렬을 이용해 조직의 다른 기능들과 매핑할 수 있는 정책, 절차, 교육 등의 최종 모습이다. 사고 대응 프로세스의 탐지, 분석 그리고 억제, 박멸 및 복구 단계에서는 이 행렬의 구분된 프로세스가 실행되는 것을 볼 수 있다. 이 두 단계는 F3EAD 프로세스의 **찾기, 조치, 완료, 공격** 단계에 매핑이 되며, 기준선에서 벗어난 이상치 탐지, 위협을 막고, 시스템을 온라인 상태로 만드는 데 적용할 수 있다. 모든 **사고 발생 후 활동**은 **분석** 및 **배포**에 매핑되며, 이 정보는 향후 유사 사고에 대비해 조직의 준비 능력 향상에 활용된다.

인텔리전스 프로세스 연계

사고 대응 프로세스를 F3EAD에 통합하는 것처럼 다음은 공식적인 인텔리전스 프로세스에 적용한 예다.

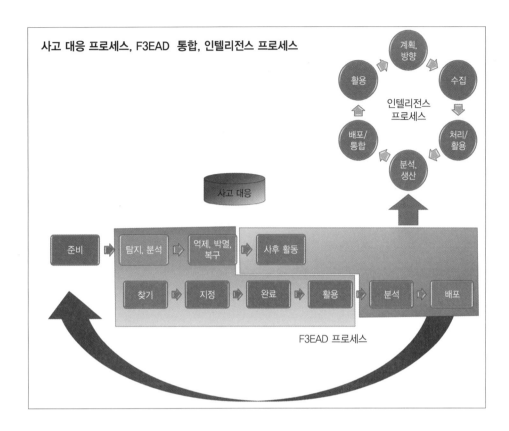

사고 대응 프로세스, F3EAD 통합, 인텔리전스 프로세스

정보를 여러 단계에서 수집하고 분석해야 하므로 사고 대응에 대한 전략적 PIR은 이벤 트나 사고로 간주할 수 있는 측정값이나 임곗값을 포함하도록 개발돼야 한다. 이를 통 해 적합한 사람들을 배치시키거나 정확한 시간에 통보받도록 한다.

여기서 중요한 점은 알려진 사고 대응 프로세스 내에 F3EAD 프로세스를 활용하고 보 다 나은 의사결정을 위해 인텔리전스 프로세스의 수집, 분석, 활용, 배포 기능을 활성 화할 수 있다는 것이다.

▮ 능력 성숙도 모델 – 사고 대응

다음은 사고 대응을 위한 능력 성숙도 모델의 예다.

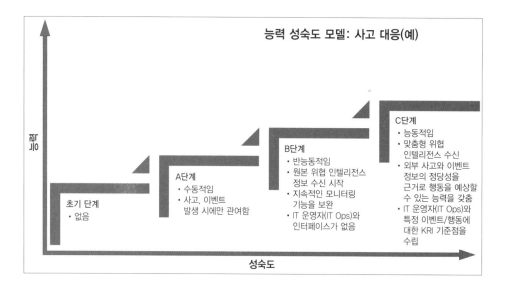

각 단계를 살펴보면 개체 간 통신 채널 수립 프로세스가 어떻게 시작하는지 이해할 수 있다.

초기 단계

초기 단계는 사고를 처리하는 능력이 전혀 없다. 즉 잠재적인 사고나 이벤트를 관리하거나 조사하기 위한 헬프 데스크나 담당자가 없다. 다시 말해 화재가 발생해도 아무도 어디에 신고해야 할지 모르고, 화재를 처리할 수 있는 인력은 발생한 화재에 대해 전혀 알지 못한다.

A단계

이 모델의 A단계는 사용자들이 지원 요청을 하기 위한 능력을 갖추고 있다. 이 단계에서 사고 대응 팀은 수동적(사후 대응)이며, 진행되는 상황에 따라 대응한다. 이 팀은 패치, 문제 해결이나 환경 재구성 중에 시스템이나 응용 프로그램이 중단되지 않기를 바라면서 처리하는 일이 일상적인 기본 장애 제거활동이다.

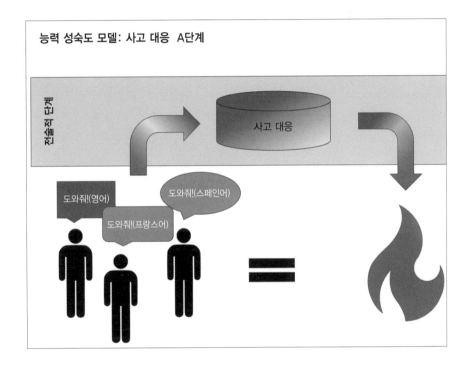

위협 인텔리전스 통합을 시작하는 B단계로 넘어가면서 크게 개선되기 시작한다.

B단계

B단계에 포함된 위협 인텔리전스와 지속적인 모니터링 기능은 문제 해결에 초점을 맞춰 보다 유연하게 사고 대응 기능을 갖도록 한다.

SOC 관리감독으로 인해 사고 대응 요원은 보다 큰 사고 대응을 먼저 처리하고 이후에 작은 사고를 처리할 수 있다.

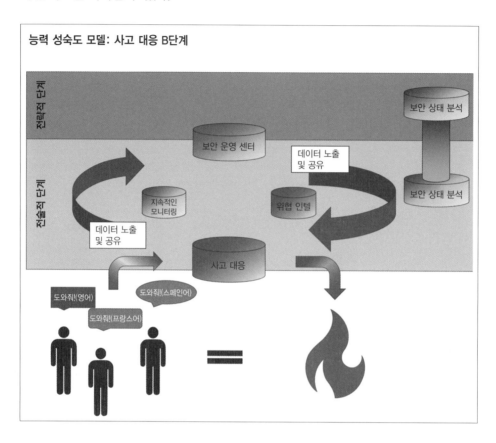

사고 대응, 위협 인텔리전스, 지속적인 모니터링, SOC 사이의 데이터 노출, 공유에 대한 작은 규모의 통합이 있다. 반면 작은 기능의 통합도 보안 상태 분석 채널을 통해 조직의 전술 및 전략적 단계 사이에 정보를 전달할 수 있다.

C단계

C단계는 조직에서 화재를 진압할 수 있는 또 다른 방법이라고 생각하며, 처음부터 화재 발생 이전에 소화기와 기타 대책을 집에 준비하는 것이다. 능력 성숙도 모델의 마지막

단계로서 기능들 간에 정보가 완전히 통합된 것을 볼 수 있다.

- **능동적임**: 사용자는 조직에 영향을 미칠 수 있는 위협을 파악하고, IT 담당자를 통해 보고함
- **맞춤형 위협 인텔리전스 수신**: 사고 대응 기능은 맞춤형 위협 인텔리전스를 수신함
- **외부 사고와 이벤트 정보의 적법성을 검증해 조치를 예상할 수 있음**: 위협 인텔리전스 정보는 정상 기준선을 평가하고자 지속적인 모니터링과 함께 분석함
- **IT 운영자와 특정 이벤트/대응에 대한 KRI 임계점을 수립**: KRI가 개발되고 사고와 이벤트를 정의함

RASC 행렬은 사고 대응 플레이북의 위협 시나리오로 개발된다.

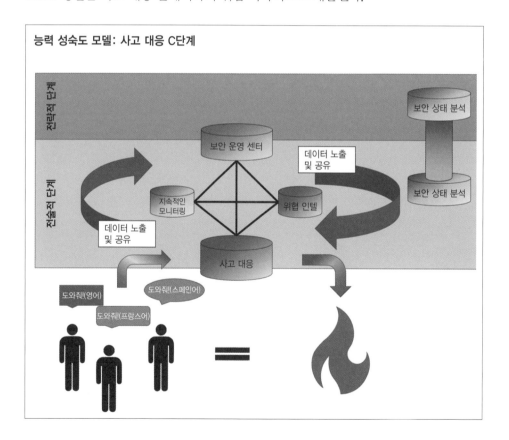

▌ 요약

사고 대응은 팀마다 다르고, 조직마다 다양하다. 일부 조직은 보안 사고 대응을 위한 전담 팀을 보유하지만, 많은 팀은 이것을 일상 활동에 포함시킨다. 무엇이 더 좋든 더 나쁘든 간에 우리가 협업하고 효과적으로 의사소통할 수 있는 능력을 갖춘다면 사고를 예방할 뿐만 아니라 사전에 대응할 수 있는 능력을 향상시킬 수 있다.

11장에서 다음 내용을 살펴봤다.

- 사고 대응 프로세스
    - 준비
    - 탐지와 분석
    - 억제, 박멸, 복구
    - 사후 활동
- F3EAD와 사고 대응 프로세스의 통합
- F3EAD와 사고 대응 및 인텔리전스 사이클 프로세스의 통합
- 사고 대응 능력 성숙도 모델 예

12

취약점 관리

취약점 관리는 조직의 단점을 효과적으로 확인하고, 보고하고, 줄이는 조직의 능력이다. 12장에서 어떻게 취약점 정보를 의미 있는 정보로 이해관계자에게 전달하는지 논의한다.

12장에서 다루는 주제는 아래와 같다.

- 취약점 관리 기능 개요
- 일반적인 취약점 평가 시스템
- 능력 성숙도 모델: 취약점 관리 – 스캐닝
- 능력 성숙도 모델: 취약점 관리 – 보고
- 능력 성숙도 모델: 취약점 관리 – 조치

▌ 간단 요약

취약점 관리는 사이버 스파이더의 팔이며, 프로세스와 절차의 집합으로 구성된다.

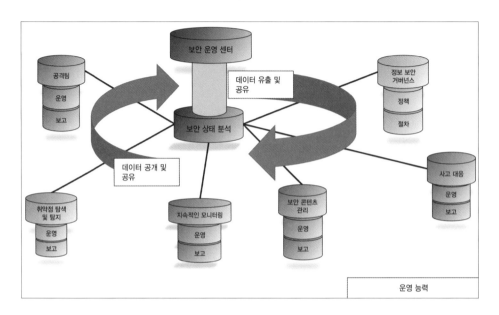

취약점 관리는 시스템을 스캐닝해 네트워크에 이미 존재하는 문제를 찾고 취약점 데이터베이스에서 찾은 것을 조합하는 기능을 제공한다. 다음은 간단한 취약점 관리 절차를 기본적으로 이해할 수 있는 그림이다.

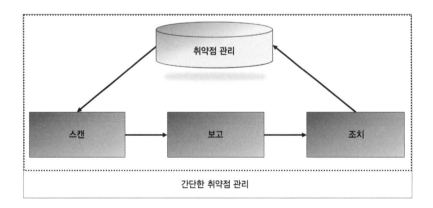

276

취약점 데이터베이스는 시스템과 소프트웨어에서 확인된 취약점의 정보의 저장소다. **일반 취약점과 노출관리 번호**CVE, Common Vulnerabilities and Exposure로 구분되며, 간단한 설명, 공개 출처, 무엇이 어디로부터 보고됐는지 알려 준다. 각 취약점의 등급은 도구와 데이터베이스의 종류에 따라 정해진다. 그러나 대부분의 도구는 **취약점 평가 시스템**CVSS, Common Vulnerability Scoring System으로 시작한다. CVSS는 어떤 환경에 존재하는 취약점의 영향을 이해하고 전달하는 오픈 소스이기 때문이다.

▌ 일반적인 취약점 평가 시스템 계산기

모든 취약점이 서로 동일한 것은 아니며, 각 취약점은 CVSS 계산기가 판단해 위험 종류를 결정한다.

CVSS를 구성하는 세 가지 판단 그룹이 있으며, 다음 주제에서 자세히 연구해 보자.

기본 판단 그룹

시간이 지나도 일관적으로 유지되고 시스템이 있는 환경에 따른 취약점의 주요 특성이 있다. 일반적으로 취약점 게시판 분석가, 보안 제품 업체, 응용 프로그램 벤더가 할당한다.

기본 판단 그룹은 다음과 같이 6개 항목으로 구성된다.

- **액세스 벡터**AV, Access Vector: 어떻게 취약점이 실행되는지 결정한다.
    - 로컬
    - 인접 네트워크
    - 네트워크

- **액세스 복잡도**^{AC, Access Complexity} : 취약점을 실행하고자 필요한 액션의 종류와 어려운 정도를 측정한다.
  - 높음
  - 중간
  - 낮음
- **인증**^{Au, Authentication} : 공격자는 반드시 시스템/네트워크를 인증해야 취약점을 실행할 수 있는데, 그 횟수를 측정한다.
  - 여러 번
  - 한 번
  - 없음
- **기밀성**^{C, Confidentiality Impact} : 취약점이 실행될 때 시스템의 기밀성에 영향을 미치는 수준을 결정한다.
  - 없음
  - 부분
  - 전체
- **무결성**^{I, Integrity Impact} : 취약점이 실행될 때 시스템의 무결성에 영향을 미치는 수준을 결정한다.
  - 없음
  - 부분
  - 전체
- **가용성**^{A, Availability Impact} : 취약점이 실행될 때 시스템의 가용성에 영향을 미치는 수준을 결정한다.
  - 없음
  - 부분
  - 전체

시간 판단 그룹

시간이 지나도 일관적으로 유지되고 시스템이 있는 환경에 변하지 않는 취약점의 주요 특성이 있다. 일반적으로 취약점 게시판 분석가, 보안 제품 업체, 응용 프로그램 벤더가 할당한다.

시간 판단 그룹은 다음과 같이 3개 항목으로 구성된다.

- **공격 가능성**: 취약점을 실행하기 어려운 정도를 결정하고 측정한다.
- **조치 수준**: 취약점이 해결되는 수준을 결정한다.
    - 공식 패치
    - 임시 패치
    - 제2의 해결책
    - 불가능
    - 정의되지 않음
- **보고 신뢰**: 어디에서 취약점이 보고됐는지 출처의 신뢰를 측정한다.
    - 확인되지 않음
    - 부정확성
    - 확인됨
    - 정의되지 않음

환경 판단 그룹

환경에 특화된 특성이 있다. 일반적으로 **조직**이 할당한다.

환경 판단 그룹은 3개 항목으로 구성된다.

- **부수적 손상 가능성**^{CDP, Collateral damage potential}
    - 없음

- 낮음
- 중간 낮음
- 중간 높음
- 높음
- 정의되지 않음

- **배포 그룹**TD, Target distribution
  - 없음
  - 낮음
  - 중간
  - 높음
  - 정의되지 않음

- **보안 요구 사항**(CR, IR, AR)
  - 낮음
  - 중간
  - 높음
  - 정의되지 않음

CVSS 기반 평가

NIST National Vulnerability Database 는 취약점에 대한 정량적 심각도 순위를 두 가지 버전으로 개발해 정한 것이다.

CVSS v2.0 등급:

심각성	점수 범위
낮음	0.0~3.9
중간	4.0~6.9
높음	7.0~10.0

CVSS v3.0 등급:

심각도	점수 범위
없음	0.0
낮음	0.1~3.9
중간	4.0~6.9
높음	7.0~8.9
심각	9.0~10.0

NVD는 조직마다 변할 수 있기 때문에 시간이나 환경적 벡터를 고려하지 않는다. 하지만 계산기를 이용해 계산해 볼 수 있다.

- **CVSS v2.0 등급**: https://nvd.nist.gov/vuln-metrics/cvss/v2-calculator
- **CVSS v3.0 등급**: https://nvd.nist.gov/vuln-metrics/cvss/v3-calculator

판단 문제

앞에서 사용자 환경에 미치는 특이 취약점의 영향을 측정하는 것이 얼마나 복잡한지 살펴보았다. 조직에 환경 방정식을 적용하려는 것은 거대하고 역동적인 작업이 될 것이다. 그 일을 맡고 있는 불행한 사람은 아마도 평생 동안 그런 작업을 해야 할 것이다. 결코 끝나지 않을 것이다.

이제 각 취약점을 어떻게 평가하는지 알게 됐으니 높은, 중간, 낮음으로 어떻게 분류하는지 이해할 수 있을 것이다.

▌ 취약점 관리 개요

앞에서 설명한 바와 같이 VM은 전체 보안 기능의 일부에 불과하므로 기능을 처음부터 끝까지 하나의 프로세스로 살펴보기 시작해야 한다. 다음 다이어그램을 살펴보자.

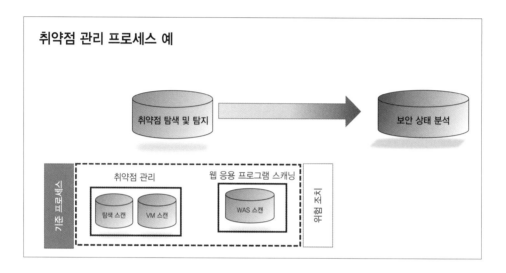

모든 이해관계자가 이 기능에서 관련 정보를 얻을 수 있도록 모든 스캔 활동에서 나온 VM 프로세스와 결과가 보안 상태 분석으로 흘러가야 한다.

다음은 VM이 전술적 수준에서 SOC와 통합되는 방법이다. SOC가 VM 팀에 추가 피드백, 명령 제어, 상황 인식 기능을 제공할 수 있으므로 이는 매우 중요하다.

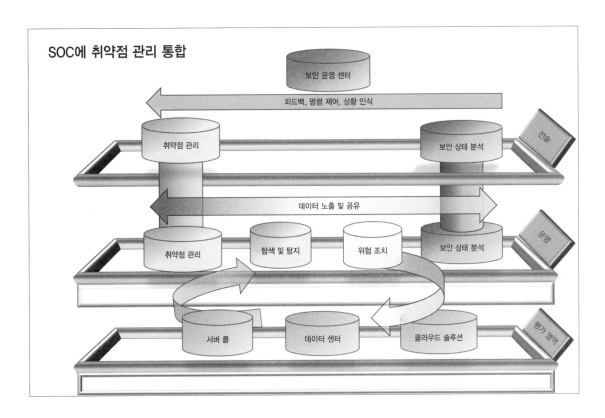

SOC에 취약점 관리 통합

이 방법은 간단해 보이지만 장기적인 관점에서 **모든 것을 스캔하고 고치고자 한다면 아무것도 고치지 않을 것**이라는 사고방식을 가져야 한다. 같은 개념으로 리소스를 배치하고 공격자가 가장 큰 영향을 미칠 수 있는 곳을 개선해야 한다.

11장에서 VM을 설명하면서 종속성을 이해했다. 그 의존성으로 스캔할 시스템과 응용 프로그램의 전체 목록을 얻을 수 있다.

다음은 능력 성숙도 모델 – 지속적인 모니터링– VM과 자산 관리다.

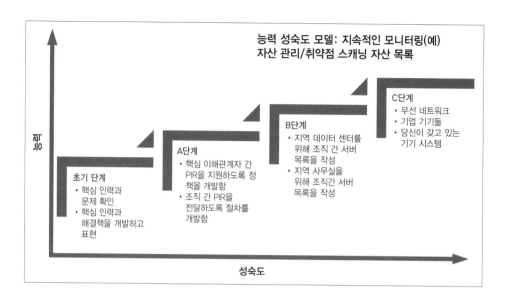

능력 성숙도 모델: 지속적인 모니터링(예)
자산 관리/취약점 스캐닝 자산 목록

C단계
• 무선 네트워크
• 기업 기기들
• 당신이 갖고 있는 기기 시스템

B단계
• 지역 데이터 센터를 위해 조직 간 서버 목록을 작성
• 지역 사무실을 위해 조직간 서버 목록을 작성

A단계
• 핵심 이해관계자 간 PIR을 지원하도록 정책을 개발함
• 조직 간 PIR을 전달하도록 절차를 개발함

초기 단계
• 핵심 인력과 문제 확인
• 핵심 인력과 해결책을 개발하고 표현

영향

성숙도

최소한 스캐닝scanning과 조치remediation의 VM 기능을 구축하는 다음 모험을 시작하고자 초기 단계와 A단계를 완료해야 한다.

▌ 능력 성숙도 모델: 취약점 관리 – 스캐닝

응용 프로그램과 시스템의 가치가 높음, 중간, 낮음 중 어디에 해당하는지 질문하기 시작해야 한다. 소규모 기업의 경우 이것은 매우 간단할 수 있지만, 다양한 비즈니스와 그들의 요구를 살펴보니 어떤 기업은 그들의 모든 응용 프로그램과 시스템이 중요하다고 말하는 반면 다른 기업은 탐색 행위 시도조차 하지 않았다는 것을 알았다.

IT 리더는 이 정의가 전반적으로 표준이 되도록 높은 영향, 중간 영향, 낮은 영향의 시스템을 구성하는 것을 결정해야 한다. 조직이 그들의 자산 데이터베이스를 취약점 관리와 조정하고 있는 동안 시스템의 가치를 결정하는 데 몇 가지 상호적인 작업이 있기를 희망한다. 다음은 취약점 관리의 스캐닝 기능에 대한 중요한 능력 성숙도 모델의 예다.

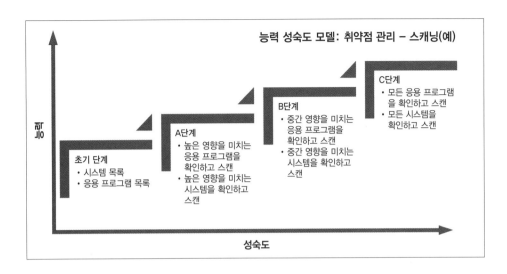

능력 성숙도 모델: 취약점 관리 - 스캐닝(예)

C단계
• 모든 응용 프로그램을 확인하고 스캔
• 모든 시스템을 확인하고 스캔

B단계
• 중간 영향을 미치는 응용 프로그램을 확인하고 스캔
• 중간 영향을 미치는 시스템을 확인하고 스캔

A단계
• 높은 영향을 미치는 응용 프로그램을 확인하고 스캔
• 높은 영향을 미치는 시스템을 확인하고 스캔

초기 단계
• 시스템 목록
• 응용 프로그램 목록

응력

성숙도

각 단계를 좀 더 깊이 살펴보자.

초기 단계

우리는 모두 스캐닝 초기 단계를 경험해 봤다. 여러분만의 스캐닝 도구도 있고, 스캐닝한 크레덴셜도 있고, 목록도 있고, 네트워크 서브넷도 갖고 있다. 이런 것이 취약점 스캔의 범위다. 여러분은 거의 모든 세상을 스캔한다.

초기 단계에서 어떻게 스캔할지 또는 언제 스캔할지에 대한 가이드가 거의 없다. 단지 스캔을 위한 스캐닝이다.

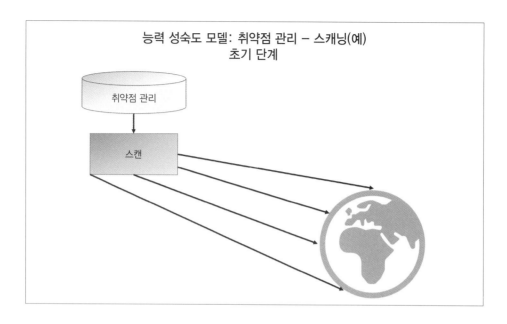

능력 성숙도 모델: 취약점 관리 – 스캐닝(예)
초기 단계

취약점 관리

스캔

농담은 제쳐두고 이 초기 단계가 우리가 할 수 있는 가장 미성숙한 수준이지만, 필자는 이 초기 단계의 수준이 그들의 현실일 수밖에 없는 많은 조직들을 봤다. 하지만 우리는 스캐닝과 사이버 인텔리전스를 통해 고객에게 가장 소중한 정보를 제공해야 한다. 일단 스캐닝할 시스템과 응용 프로그램의 확실한 목록을 받아야 우리는 스캔의 우선순위를 정해 이해 당사자들에게 가장 큰 영향을 미칠 정보를 보고할 수 있다.

A단계

A단계에서 SOC와 IT 운영 간의 상호작용을 보기 시작한다. 다른 비즈니스 소유자와 함께 영향이 큰 응용 프로그램과 시스템을 결정해야 한다. 스캐닝 기능으로 범위를 좁히고 VM의 **보고** 기능에 제공하는 정보가 다른 모든 응용 프로그램이나 시스템보다 먼저 가치를 제공한다.

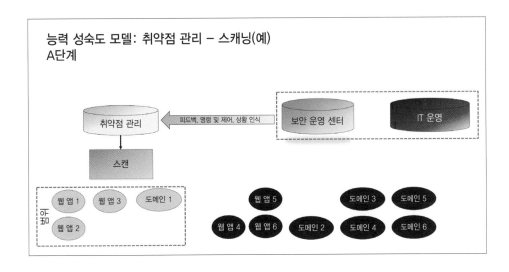

B단계

B단계에서도 SOC와 IT 운영의 상호작용을 계속 보게 된다. 다른 비즈니스 소유자와 중간 영향력을 가진 응용 프로그램과 시스템을 결정해야 한다. 스캐닝 기능으로 범위를 확장하고 VM의 **보고** 기능에 제공하는 정보가 확인된 항목에 가치를 제공한다.

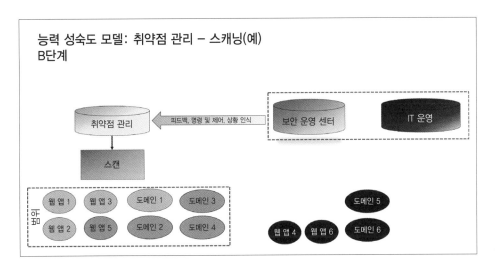

C단계

C단계에서도 SOC와 IT 운영의 상호작용을 계속 보게 된다. 다른 비즈니스 소유자와 낮은 영향력을 가진 응용 프로그램과 시스템을 결정해야 한다. 스캐닝 기능으로 범위를 확장하고 VM의 **보고** 기능에 제공하는 정보가 확인된 항목에 가치를 제공한다.

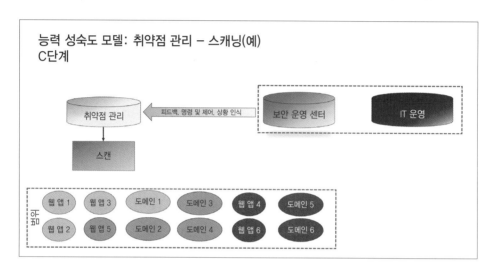

주목해야 할 또 다른 중요한 항목은 앞의 그림에서 식별된 응용 프로그램과 도메인의 범위를 확대하는 데 중점을 뒀지만, 높은 영향, 중간 영향, 낮은 영향의 응용 프로그램과 시스템의 정의를 개선해야 한다는 것이다.

▌ 능력 성숙도 모델: 취약점 관리 – 보고

보고는 스캔 기능의 범위를 구체화하는 것과 동일한 과정이라고 간단히 말할 수 있다. 다음은 개요다.

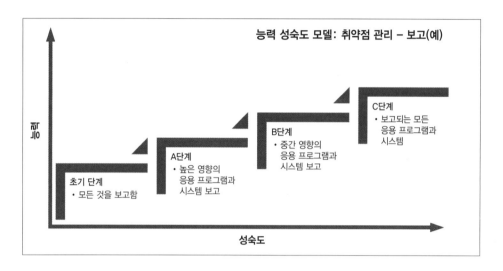

초기 단계

여러분이 방금 조직의 업무 부서에 대한 시스템 소유자와 응용 프로그램 소유자로 할당됐다고 생각해 보자. 올바른 작업을 수행하고 담당하는 시스템과 응용 프로그램이 올바르게 보호되길 원할 것이다. 보안 팀에서 본인이 담당하고 있는 15대 서버에 대한 보고서를 제공했으며, 500개가 넘는 항목을 처리해야 한다. 일주일이 지나고 약 100개의 취약점이 해결됐다. 다른 50개의 항목이 있는 동일한 15개의 서버에 대한 다른 보고서가 제공된다. 좋다. 이제 두 걸음 더 가까워졌고, 추가 취약점이라는 한 걸음이 남았다. 시간이 지남에 따라 추가 서버와 응용 프로그램이 시운전되고 일부는 없어진다. 보고서 형태로 많은 취약점이 발견됐다. 자동 패치와 일정 관리는 도움이 되지만, 끝나지 않는 패치 작업이다.

이것은 **보고**의 초기 단계다. 조치를 위한 우선순위 없는 정보 과부하다. 보고된 취약점은 패치되는 것 이상의 다른 의미로 해결돼야 하는 항목이다. 다시 말해서 모든 것을 보고한다는 것은 실제로 아무것도 보고하지 않는 것이다.

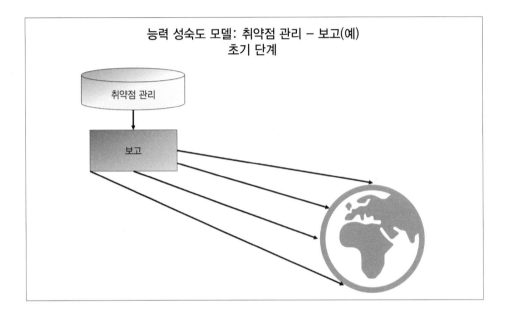

시스템 소유자로서 내가 왜 패치를 하는지 이해할 수 있도록 정보가 제공됐으면 한다. 비즈니스에 미치는 영향이 가장 적은 응용 프로그램과 시스템의 식별과 분류가 함께 제공돼야 한다.

A단계

IT 리더가 시스템이나 응용 프로그램이 조직에 미치는 영향을 파악하고 보고에 반영하면, 운영하는 사람은 어떤 작업을 수행해야 하는지 우선순위를 정하기 시작한다. 우선순위 작업을 하고 특정 응용 프로그램의 진행 상황을 보고함으로써 전술적 리더들은 조직에 가장 큰 영향을 미치는 시스템의 보안 상태(상황에 따른)를 분석할 수 있다.

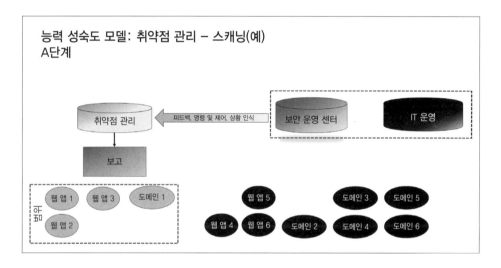

B단계

높은 영향을 미치는 시스템과 응용 프로그램을 확인하고, 스캔하고, 보고하고 나면 중간 영향을 미치는 항목을 추가한 범위를 스캔하도록 보고 범위를 늘릴 수 있다. 어떤 것이 높은지 중간 영향을 미치는지 의사소통을 통해 위험을 해결해야 할 책임이 있는 운영 관계자들이 작업 부하의 우선순위를 정할 수 있다.

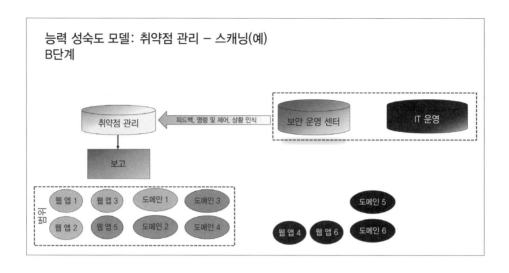

C단계

C단계에서 보고를 통해 스캔 범위를 늘리고 환경에 미치는 영향을 반영했기 때문에 마지막으로 C단계에서 관계자는 이제 각 시스템/응용 프로그램을 볼 수 있다. C단계에서 개선에 도움이 되도록 영향력을 결정하는 다른 계층을 소개한다.

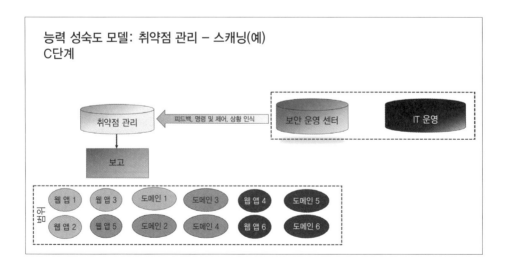

스캐닝과 보고에 미치는 영향의 수준을 이해했으니 취약점을 조치하는 방법을 살펴보자.

▌ 능력 성숙도 모델: 취약점 관리 - 조치

VM 프로세스의 조치 업무는 조직마다 다르다. 스캔하는 사람과 해결하는 사람이 동일할 수도 있다. 마찬가지로 조치하는 사람이 취약점 보고서를 받는 사람일 수도 있다. 어느 쪽이든 무엇을 고칠 것인지 우선순위를 정해야 한다. 보고할 때 특정 시스템 또는 응용 프로그램이 조직에 미치는 영향을 기반으로 보고 방법을 우선순위로 정했다.

적어도 내 생각에는 조치를 위한 능력 성숙도 모델이 보고를 위해 구축한 것과 동시에 실행돼야 한다. 우리가 달성하려는 것은 높은 영향을 받는 시스템과 응용 프로그램을 식별하고, 보고한 후에는 해당 항목을 처리하는 방법의 우선순위를 정하는 것이다.

이에 관한 다음의 예를 보자.

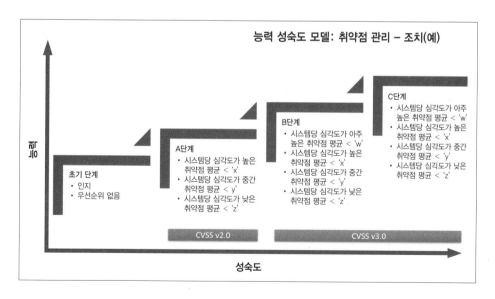

이 능력 성숙도 모델에는 앞에서 배운 취약점 평가 시스템의 도움으로 관계자가 먼저 수정해야 할 사항을 식별한다. 시스템에서 이 취약점으로 공격할 가능성을 줄여야 한다. 보고서만 적어 놓고 조치하지 않는 시스템 관리자와 같은 조치되지 않는 수백 가지 취약점이 있을 수 있다. 위험 예외 사항과 관련이 없는 경우라도 각 시스템에 존재하는 심각도별 평균 취약점 수를 알아야 한다. 이 성숙도 모델에서 평균 취약점은 사용자와 조직이 정한다는 한 가지 예외가 있다.

초기 단계

성숙 모델의 초기 단계는 가능한 한 많은 조치를 취할 수 있는 모든 사람으로 구성된다. 진짜 RASCI(의사결정 프로그램)는 없다. 모든 사람에게 열려 있고, 즉각적인 반응이 이뤄지는 환경이다. 따라서 전체 자산과 응용 프로그램 목록으로 아래 그림과 같이 모든 세상을 고치려고 한다.

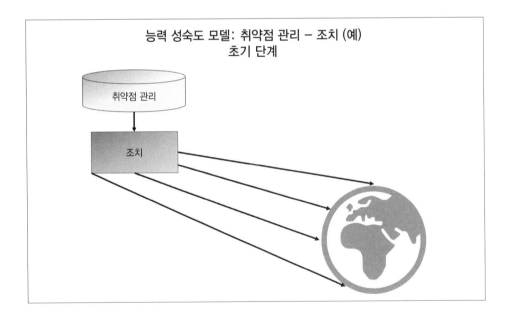

294

A단계

영향력이 큰 응용 프로그램과 시스템이 무엇인지 이미(또는 앞으로) 확인했기 때문에 취약점을 누가 해결해야 하는지 확인해야 한다. 취약점을 찾은 다음 CVSS v2.0으로 취약점의 중요도를 계산할 수 있다. 다음 그림에서 이제 위험도가 높은, 중간, 낮은 RAG 대시보드를 만들어 현 상황은 괜찮은지, 약간의 작업이 필요한지, 할 일이 많은지 확인한다.

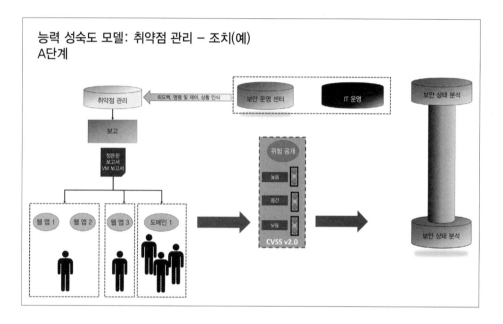

물론 이 정의는 조직에 달렸지만 최소한 무엇을 할 수 있는지 이해해야 한다.

예:

- **높은 심각성**
  - ○ **빨간색**: 시스템당 평균 10개 취약점
  - ○ **주황색**: 시스템당 평균 7~9개 취약점
  - ○ **녹색**: 시스템당 평균 0~6개 취약점

- 중간 심각성
    - **빨간색**: 시스템당 평균 20개 취약점
    - **주황색**: 시스템당 평균 10~19개 취약점
    - **녹색**: 시스템당 평균 0~9개 취약점
- 낮은 심각성
    - **빨간색**: 시스템당 평균 25개 취약점
    - **주황색**: 시스템당 평균 15~24개 취약점
    - **녹색**: 시스템당 평균 0~14개 취약점

시스템당 평균을 적용함으로써 이해관계자가 먼저 무엇을 해야 하는지 파악할 수 있다. 심각도가 낮으면서 빨간색인 것과 심각도가 높으면서 빨간색인 경우가 있으면, 심각도가 높은 취약점에 대해 먼저 작업해야 한다는 것을 알게 된다. 심각도가 높고 낮으면서 등급이 녹색인 경우가 있고, 중간 심각도로 등급이 주황색이면 시스템당 평균 중간 심각도 취약점을 줄이는 데 중점을 둬야 한다.

앞의 예제는 기업 전체에서 사용될 수 있으며, 종류별 시스템별 평균 취약점 수를 줄여 A단계에서 더욱 성장할 수 있다. 우리가 이해해야 할 주요 사항은 보고 범위를 늘리는 것에 대해 생각하기 전에 영향력이 큰 시스템과 응용 프로그램의 위험성 노출을 받아들이고자 네트워크를 제어할 수 있어야 한다는 것이다. 네트워크 제어를 통해 사이버 인텔리전스 커뮤니케이션 채널이 다음 단계로 계속 진행할 수 있는 기반을 마련할 것이다.

B단계

취약점 관리의 능력 성숙도 모델 보고에서 B단계와 유사하게 중간 정도의 영향을 받는 시스템과 응용 프로그램으로 범위가 확장되는 것을 볼 수 있다. 여기서 또 다른 중요한 변경 사항은 CVSS v3.0 심각한[critical] 취약점 카테고리가 도입된다는 것이다.

다음은 심각한 취약점을 바로 조치fix now하려는 관계자가 고려해 볼 수 있는 또 다른 우선순위 지표다.

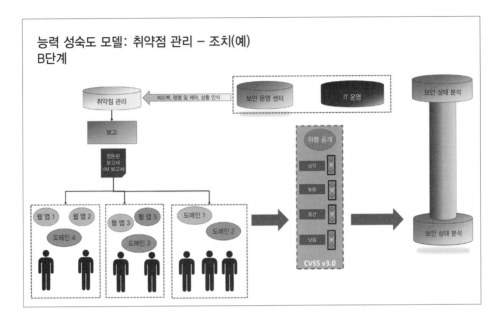

다음은 A단계에서 했던 작업을 여기에서 활용할 수 있는 방법이다.

예:

- **심각한 심각성**
  - **빨간색**: 시스템당 평균 3개 취약점
  - **주황색**: 시스템당 평균 1~2개 취약점
  - **녹색**: 시스템당 평균 0개 취약점
- **높은 심각성**
  - **빨간색**: 시스템당 평균 5개 취약점
  - **주황색**: 시스템당 평균 3~4개 취약점
  - **녹색**: 시스템당 평균 0~2개 취약점

- 중간 심각성
  - **빨간색**: 시스템당 평균 10개 취약점
  - **주황색**: 시스템당 평균 8~9개 취약점
  - **녹색**: 시스템당 평균 0~7개 취약점
- 낮은 심각성
  - **빨간색**: 시스템당 평균 15개 취약점
  - **주황색**: 시스템당 평균 10~14개 취약점
  - **녹색**: 시스템당 평균 0~9개 취약점

C단계

마지막으로 C단계다. 이제 보고 범위는 낮은 영향의 응용 프로그램/시스템도 포함한다. 범위가 확장된 것 외에도 환경 방정식을 포함해 CVSS를 실제 환경에 더 적합하게 만들려고 한다. 이러한 환경 매트릭은 공격이 발생한 경우 조직에 대한 취약점의 기밀성, 무결성과 가용성에 대한 영향을 측정한다. 과정은 다음 그림과 같다.

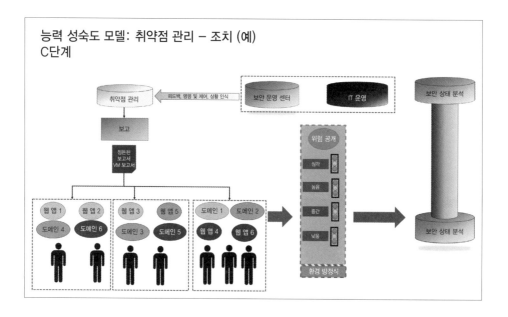

환경 방정식과 조직의 시스템과 응용 프로그램의 영향도를 포함해 추후 관계자가 무엇을 조치해야 하는지 구별할 수 있다.

예:

- **높은 영향을 받는 시스템**
  - 심각한 심각성
    - **빨간색**: 시스템당 평균 3개 취약점
    - **주황색**: 시스템당 평균 1~2개 취약점
    - **녹색**: 시스템당 평균 0개 취약점
  - 높은 심각성
    - **빨간색**: 시스템당 평균 5개 취약점
    - **주황색**: 시스템당 평균 3~4개 취약점
    - **녹색**: 시스템당 평균 0~2개 취약점
  - 중간 심각성
    - **빨간색**: 시스템당 평균 10개 취약점
    - **주황색**: 시스템당 평균 8~9개 취약점
    - **녹색**: 시스템당 평균 0~7개 취약점
  - 낮은 심각성
    - **빨간색**: 시스템당 평균 15개 취약점
    - **주황색**: 시스템당 평균 10~14개 취약점
    - **녹색**: 시스템당 평균 0~9개 취약점
- **중간 영향을 받는 시스템**
  - 심각한 심각성
    - **빨간색**: 시스템당 평균 3개 취약점
    - **주황색**: 시스템당 평균 1~2개 취약점
    - **녹색**: 시스템당 평균 0개 취약점

- 높은 심각성
  - **빨간색**: 시스템당 평균 9~10개 취약점
  - **주황색**: 시스템당 평균 6~8개 취약점
  - **녹색**: 시스템당 평균 1~5개 취약점
- 중간 심각성
  - **빨간색**: 시스템당 평균 15개 취약점
  - **주황색**: 시스템당 평균 10~14개 취약점
  - **녹색**: 시스템당 평균 0~9개 취약점
- 낮은 심각성
  - **빨간색**: 시스템당 평균 15개 취약점
  - **주황**: 시스템당 평균 10~14개 취약점
  - **녹색**: 시스템당 평균 0~9개 취약점

- **낮은 영향을 받는 시스템**
  - 심각한 심각성
    - **빨간색**: 시스템당 평균 3개 취약점
    - **주황색**: 시스템당 평균 1~2개 취약점
    - **녹색**: 시스템당 평균 0개 취약점
  - 높은 심각성
    - **빨간색**: 시스템당 평균 5개 취약점
    - **주황색**: 시스템당 평균 3~4개 취약점
    - **녹색**: 시스템당 평균 0~2개 취약점
  - 중간 심각성
    - **빨간색**: 시스템당 평균 20개 취약점
    - **주황색**: 시스템당 평균 15~19개 취약점
    - **녹색**: 시스템당 평균 0~14개 취약점

- 낮은 심각성
    - **빨간색**: 시스템당 평균 25개 취약점
    - **주황색**: 시스템당 평균 20~44개 취약점
    - **녹색**: 시스템당 평균 0~19개 취약점

패치를 적용하는 것은 어렵지만 해결해야 할 일이다. 취약점 패치의 우선순위를 관계자에게 어떻게 전달할 수 있는지 말이다.

▌ 요약

12장은 여러 이해관계자들이 사이버 인텔리전스를 적용하고자, 취약점을 조치할 때 커뮤니케이션을 개선할 수 있는 방법을 간략하게 다룬 꽤 긴 장이었다. VM(취약점 관리)은 정상적으로 동작하는 응용 프로그램과 시스템에 의존성이 있고, 스캔에서 고려해야 할 사항을 놓칠 위험이 있다는 것을 알았다. 검색 범위를 개선하고 네트워크에 존재하는 영향이 큰 것부터 낮은 것까지 응용 프로그램/시스템을 식별하고, 조치 담당자에게 제공하는 보고를 잘 정리해서 전달함으로써 취약점을 해결하는 방법의 우선순위를 정할 수 있다. 마지막으로 취약점 패치의 우선순위를 이해함으로써 패치를 완료하고 보안 상태 분석 기능에 결과를 입력해서 전략과 전술 수준의 리더에게 보안 상태를 알릴 수 있다.

13

위험 관리

위험은 우리 삶에서 벗어날 수 없는 주제다. 항상 존재하며, 특히 IT에서는 더욱 중요하다. 13장에서는 위험의 중요성과 일반적으로 조직에서 위험을 어떻게 처리하는지 설명한다.

13장에서는 다음 주제를 다룬다.

- 위험 개요
- 데이터 분류
- 능력 성숙도 모델: 위험
- 활용할 수 있는 GRC 도구

▌위험 개요

1~12장에서 위협, 취약점 및 시스템과 정보에 영향을 줄 수 있는 잠재적 가능성에 관해 살펴봤다. 위험을 다루는 방법을 통해 위험에 대처하는 방법을 알아보자.

위험 = 가능성 × 영향도

- 가능성 = 이 취약점이 악용될 수 있는 가능성은 어느 정도인가?
- 영향도 = 얼마나 많은 손상을 주는가?

위험 처리하기

일단 취약점과 위협을 발견하고, 가능성과 영향도를 계산한 다음에는 무엇을 해야 하는가? 위험을 해결해야 한다.

위험은 여러 가지 방식으로 처리된다.

- **위험 수용**: 조직은 취약점과 발생 가능한 위협을 그대로 수용함
- **위험 회피**: 조직은 위협에 대한 노출을 제거함
- **위험 교정**: 조직은 취약점을 수정해서 악용할 수 없도록 함
- **위험 완화**: 조직은 보완 통제를 적소에 둬 악용 가능성을 줄임
- **위험 양도**: 조직은 위험을 다른 곳으로 이동시켜, 취약점이 악용된다면 다른 곳에서 비용을 발생시킴

위험 허용 수준과 위험 선호도

ISO 31000[1]에 따르면 **위험 선호도**는 '조직이 목표를 추구하고 유지하고 수행할 준비가

---

1 ISO 31000은 국제 표준화 기구(International Organization for Standardization)에서 2009년에 발행한 위험 관리 시스템 표준이다. – 옮긴이

돼 있는 위험의 양과 유형'에 대한 상위 수준의 이해도다. **위험 허용 수준**은 특정 목표에 대한 위험 허용 수준의 이해도다.

예를 들어

1. 어머니, 아버지, 자녀가 공원에 있다.
2. 아버지는 아이를 공중에 던지기를 원한다. 확인된 위험은 아이가 다칠 수 있다는 것이다.
3. 아버지가 아이와 유대감이 있다는 것을 알면 어머니는 발생할 수도 있는 위험을 허용한다. 이것이 **위험 선호도**다.
4. 아이를 공중에 던져질 때 멈추도록 하는 높이가 **위험 허용 수준**이다.

따라서 적절한 위험 완화를 통해 해결해야 할 취약점을 아는 것 외에도 여러 서비스와 기능이 필요한 종단 간 프로세스를 보는 방법에 동일한 로직을 적용해야 한다.

PIR을 의사소통함으로써 적절할 **위험 선호도**를 부여하고, **위험 허용 수준**을 정의해 수행 한계점을 설정할 수 있어야 한다.

변경 관리 프로세스를 수행한다면 사내 또는 벤더의 지원을 받아 수행할 때의 위험을 이해해야 하고(위험 선호도), 또한 프로세스에 포함된 각 개체에 예상되는 성능 수준(위험 허용 수준)을 식별하고 정의해야 한다.

▌ 백금, 금, 은, 동으로 표시

왕관의 보석이라는 말을 들을 때 보통 중요한 데이터와 중요하지 않은 데이터 두 가지를 비교한다. 데이터가 모두 중요하기 때문에 모든 데이터를 실제 조직의 데이터로 생각할 수 없다. 조직에 중요한 모든 데이터뿐만 아니라 이 데이터를 처리, 저장, 전송하는 시스템의 가치를 이해하는 것이 마찬가지로 중요하다.

왕관의 보석인 중요한 정보가 보호돼야 하는 것처럼 데이터와 상호작용하는 시스템도 보호돼야 한다.

이 개념을 이해함으로써 단순한 정보가 아니라 공동의 시스템을 왕관의 보석으로 분류할 수 있다.

다음은 정보 분류 몇 가지 예다.

- **군사 정보 분류**(https://fas.org/sgp/library/quist2/chap_7.html)
  - **일급 비밀**top scret : 국가 안보에 대단히 중대한 피해를 줄 수 있는 정보의 공개
  - **비밀**secret : 국가 안보에 심각한 피해를 줄 수 있는 정보의 공개
  - **기밀**confidential : 국가 안보를 손상시킬 것으로 예상되는 정보의 공개
- ISO 27001
  - **기밀**confidential(가장 높은 기밀 수준)
  - **제한적**restricted(중간 기밀 수준)
  - **내부 사용**internal use(가장 낮은 기밀 수준)
  - **공개**public(누구나 정보를 볼 수 있는 수준)

시스템, 응용 프로그램 등 네트워크의 가치를 표시함으로써 조직이 위험 허용 임계치 내로 유지하는 데 필요한 시간과 노력을 우선적으로 결정할 수 있다.

우리는 침해를 당하지 않는 방법을 찾고자 많은 시간을 보낸다. 스스로에게 물어야 할 질문은 다음과 같다. "도둑이 백금과 금 주머니 또는 구리 주머니를 갖고 도망가는 것을 바라는가?"

네트워크 구분하기

군에서는 전달되는 정보의 분류를 기반으로 네트워크가 분리돼 있다.

다음은 몇 가지 예다.

- **분류되지 않은 인터넷 프로토콜 네트워크**NIPRNet, Non-Classified Internet Protocol Network：분류되지 않은 정보 시스템에서 사용
- **비밀 인터넷 프로토콜 네트워크**SIPRNet, Secret Internet Protocol Network：기밀 정보 시스템에서 사용
- **공동의 세계 인텔리전스 통신 시스템**JWICS, Joint World-Wide Intelligence Communications System：여러 기관에서 높은 수준의 기밀 정보 통신에 사용
- **결합된 기업 지역 정보 교환 시스템**CENTRIX, Combined Enterprise Regional Information Exchange System：NATO 연합 단체가 서로 간에 기밀 정보를 전달하는 데 사용

이러한 네트워크를 사용하면 정보 분류를 쉽게 알 수 있지만, 대부분 비즈니스에서 현실적인 시나리오는 아니다. 앞에서 논의한 바와 같이 비즈니스에서는 디렉터리, 폴더, 파일에서 정보의 분류가 중요하다. 그래서 접근 통제 목록과 네트워크 구분과 같은 논리적인 통제들을 적용할 수 있다.

비즈니스에서 한 가지 과제는 하나의 물리적인 장비에 다양한 수준으로 분류된 정보를 처리하는 여러 응용 프로그램이 있는 경우다. 더욱 어려운 점은 동일한 물리적 장비에서 여러 종류의 정보를 저장하는 여러 가상 머신을 보유할 수 있다는 것이다. 그렇다면 이러한 복잡한 문제를 어떻게 처리해야 할까? 답은 위험을 다루는 방법에 있다.

▌ 위험을 다른 시각으로 보기

이제 정보와 정보가 상호작용하는 시스템을 살펴볼 수 있고, 정보가 조직에 영향을 주는 가치에 따라 처리할 수 있다. IT와 보안 부문의 고위 리더십은 다음을 수행해야 한다.

- 구리 네트워크에서 백금 네트워크까지 보안 수준 요구 사항의 차이를 정의함
- 서비스 및/또는 종단 간 프로세스에 대해 무엇이 좋고, 나쁘고, 위험한지를 지표로 설정함
- 모든 수준에서 결과를 시각적으로 모니터링하고 제시함

이 세 가지는 위험을 이야기할 때 상당히 일반적인 이야기다.

여기서 측정되지 않은 것(적어도 개선될 수 있다고 생각함)은 실시간 위협 인텔리전스를 기반으로 관련 위협을 예상할 수 있는 수준으로 위험 감소 프로세스를 진행하고 있다. 조직 전체에서 통신할 수 있는 기능(사이버 인텔리전스)을 만들어 관련된 위협 인텔리전스를 기반으로 위험에 대한 노출을 줄이려고 한다. 이것은 보안 서비스(위협 인텔리전스, 레드 팀, 위협 사냥 등)에서 생성한 정보를 위험 관리 프로세스에 통합하려는 시도다.

위협 인텔리전스 통합 검토

이 책의 시작 부분에서 분석을 위한 맞춤형 정보 제공으로 모든 정보 보안 팀에 위협 인텔리전스 통합을 향상시킬 수 있는 방법을 이야기했다. 축적된 분석은 위협 인텔리전스 대시보드를 통해 각 위협이 조직과 어떻게 연관될 수 있는지 의견을 내부적으로 제공할 수 있다 .

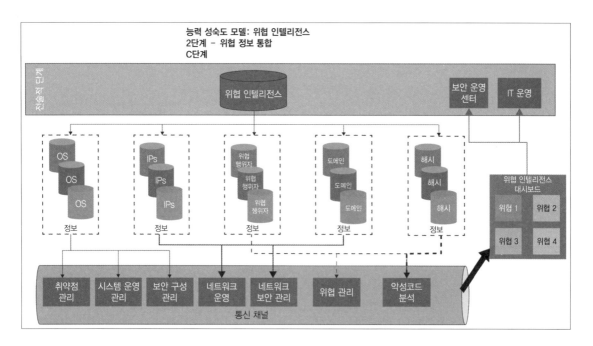

능력 성숙도 모델: 위험 단계 – 초기

또한 이해관계자가 조직의 보안을 개선하는 데 중요한 역할을 한다고 설명했다. 맞춤형 정보 보안 보고서를 통해서 이해관계자에게 영향을 끼쳐 문제를 해결할 수 있다. 그렇게 하려면 일반적으로 IT 운영에서 수행되는 변경 관리 프로세스를 따라야 한다. 환경에 영향을 줄 수 있는 위협에 대한 지속적인 재평가를 통해, 변경 관리 프로세스에서 갱신된 정보는 어떻게 문제가 해결되는지 이해관계자가 파악하도록 한다. 이것은 위협 인텔리전스 대시보드에 반영되며, 보안 상태 분석에도 적용된다. 이를 통해 전략적이고 전술적인 수준에서 조직의 전체적인 인텔리전스 주기에 대한 추가 분석의 입력이 된다.

이 단계를 독특하게 만드는 것은 각 정보 보안 팀에서 생성한 데이터(통합 보고서 포함)가 이해관계자에게 제시돼 조치를 취한다는 것이다. 다수 서비스에서 찾은 다수 결과에 대한 여러 가지 보고서는 시작에 대한 혼란을 일으키고, 극도의 피로를 만든다.

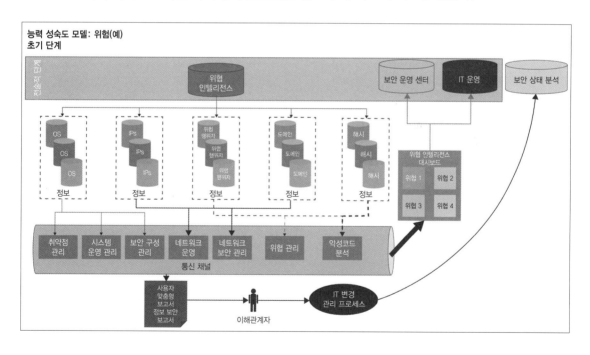

위험 보고서 개선하기 – 1부

현장에 있는 사람들의 시각으로 살펴보자. 시스템과 응용 프로그램에 대한 완전한 목록을 보유하고, 또한 데이터 분류에 대한 이해가 있어도 여러 서비스에서 발생하는 많은 보고서가 압도적으로 많을 수 있다.

다음은 한 응용 프로그램이 여러 가지 평가에서 여러 결과를 얻는 방법의 예다.

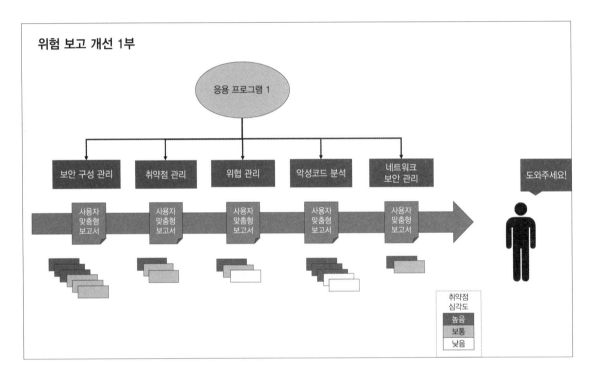

이러한 복잡한 문제는 더 많은 응용 프로그램과 시스템을 혼합해서 추가함에 따라 더욱 복잡해진다.

이해관계자가 우선적으로 조치해야 할 심각도가 높은 취약점을 이해하는 데 도움이 되도록 추가적인 분석이 수행돼야 된다. 또한 이해관계자가 먼저 어떤 응용 프로그램이 수정돼야 하는지 이해하고자 추가 분석을 수행해야 한다.

능력 성숙도 모델: 위험 단계 - 마지막

따라서 위험 대시보드에 여러 서비스 프로세스의 결과를 수집하고 분석하는 조직의 위험 관리 업무를 개선하는 것 외에 위험은 위협 인텔리전스를 통합해 이해관계자에게 맞춤형 보고를 하는 데 중요한 역할을 수행한다.

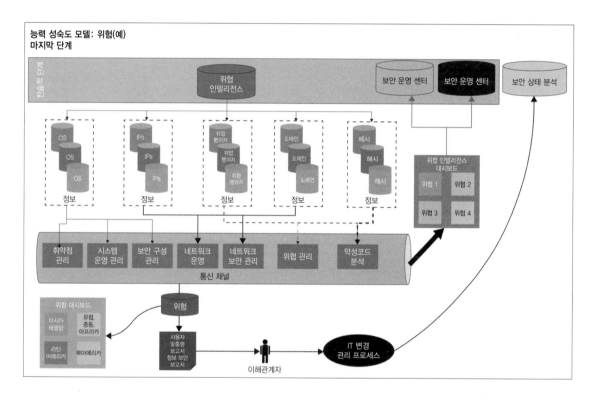

위험 보고서 개선하기 - 2부

이제 시스템과 정보의 데이터 분류를 활용한 취약점에 대한 교정 우선순위 방법을 이해했고, 위협 인텔리전스와 연관된 취약점의 교정 우선순위를 지정하는 수단으로서 한 단계 더 나아갈 수 있다.

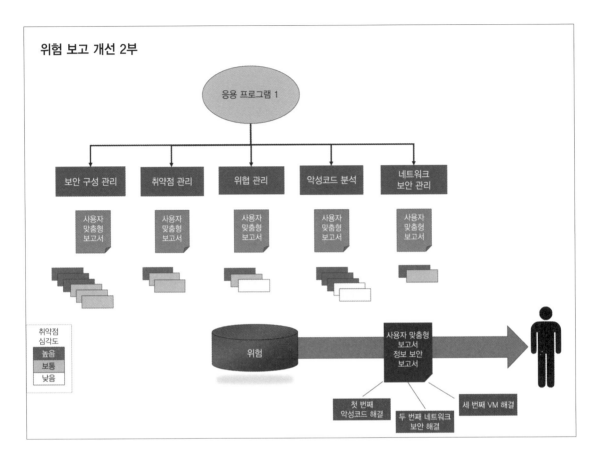

다음은 예다. 위협 인텔리전스는 소프트웨어 심각도가 높은 취약점 A가 악용되고 있다고 보고한다. 이 취약점이 있고, 영향도가 높은 시스템이 네트워크상에 있고, 또 다른 높은 수준의 취약점 B와 영향도가 높은 부적합한 환경 설정 C가 있다. 위협 인텔리전스 정보를 확대하고자 이 정보가 위험을 통해 필터링되면서, 이해관계자에게 제공되는 보고서는 취약점 A를 해결하는 데 중점을 둬야 한다. B나 C가 A만큼 중요하지 않다는 것은 아니지만, A가 발생 가능한 악용 시도의 가능성이 더 높기 때문이다.

오픈 소스 거버넌스 위험과 컴플라이언스 도구들

이미 조직이 위험을 계산하는 수단과 방법을 확보하고 있을 수도 있다. 지루할 수 있지만, ISO 27001, PCI-DSS, NIST 사이버 보안 프레임워크 같은 프레임워크에 대해 현 통제 항목을 평가할 수 있는 방법이 있다. 이에 대한 여정을 막 시작할 때 적용해 볼 수 있는 **거버넌스, 위험, 컴플라이언스**GRC, Governance Risk Compliance 도구 목록은 다음과 같다.

이진 위험 평가

이진 위험 분석 팀은 인쇄된 결과와 HTML 5 응용 프로그램을 제품으로 제공하고, 다음과 같은 질문을 사용해 취약점을 빠르게 분석할 수 있다.

- 공격이 일반적인 기술로 완료될 수 있다.
- 중요한 자원들 없이도 공격이 완료될 수 있다.
- 자산이 방어되지 않는다.

이러한 평가를 통해 사용자는 개별 취약점의 위험, 가능성, 영향도를 빠르고 쉽게 확인할 수 있다. 이에 관한 자세한 정보는 다음에 있다.

http://binary.protect.io/

STREAM 사이버 보안 플랫폼

이 플랫폼은 Acuity Risk Management(https://acuityrm.com/)에서 제공한다. 이 플랫폼은 무료 버전이 있으며, 업계에 적용할 수 있는 법률 및 규정을 준수하는 방법에 관한 아이디어를 제공한다.

정보 보안 전문가를 위한 실제적인 위협 분석

위험과 위협을 계산하고 정보 보안 전문가를 위한 또 다른 도구는 실제적인 위협 분석 방법론과 소프트웨어 도구 모음이다. 자세한 정보는 다음에 있다.

http://www.ptatechnologies.com/.

SimpleRisk

이름이 매우 간단하다. SimpleRisk는 사이트(https://www.simplerisk.com/)에 따라 단순화된 기업 위험 관리다. 다음과 같은 핵심 기능으로 자체 서버에 설치할 수 있다.

- 위험 제출
- 완화 계획
- 위험 검토
- 보고서

추가 비용이 드는 추가 기능이 있지만, 조직에 제대로 동작하는지 확인하고자 평가할 수 있는 도구다.

보안 책임자 관리와 분석 프로젝트

보안 책임자 관리와 분석 프로젝트 사이트(https://www.somap.org)는 다음과 같은 오픈 소스 IT 위험 관리 프로젝트를 구성하는 하위 프로젝트 포트폴리오가 포함돼 있다.

1. 공개 위험과 컴플라이언스 도구
2. 공개 위험과 컴플라이언스 프레임워크
3. 공개 위험 모델 리포지토리
4. 공개 거버넌스, 위험, 컴플라이언스 성숙도 관리 방법론

▍ 요약

영향도를 기반으로 네트워크/시스템/응용 프로그램을 분류하는 것은 단순히 취약점 해결 방법의 시작일 뿐이다. 앞의 예제는 위협 인텔리전스를 위험 관리 비즈니스 프로세스에 통합할 수 있는 방법의 아이디어일 뿐이다. 위협 인텔리전스를 보고서와 위험 분석을 기반으로 한 고객 맞춤형 보고서에 통합해 OODA 순환을 개선하고, 공격자의 잠재적인 공격 경로를 줄이고, 악용 가능성을 줄일 수 있다.

14

체계 생성

조직에서 사이버 인텔리전스를 적용하는 방법을 이해하는 데 중요한 사항은 전체 프로세스 과정을 강조하는 측정 기준을 개발하는 것이다. 14장에서는 IT 보안과 IT 운영 기능 전반에 걸쳐 위험 측정 기준 적용 방법을 살펴본다. 다음의 내용을 다룬다.

- 보안 구성 관리 개요
- 위험 점수 개발

보안 구성 관리

조직은 모든 기술에 대한 표준 구성을 가져야 하고, 가끔은 평가를 해야 한다. 가장 정확한 스캔이 이뤄지기 위해서는 IT 및 정보 보안^{InfoSec} 팀에서 이해해야 할 몇 가지 요구 사항이 있어야 한다.

이 기준으로 컴플라이언스에 대해 다양한 시각을 갖고자 이해관계자들은 다음과 같이 분류된 위험 측정 기준을 시각적으로 볼 수 있어야 한다.

- 지역
- 국가
- 운영 체제
- 응용 프로그램

대시보드 예는 다음과 같다.

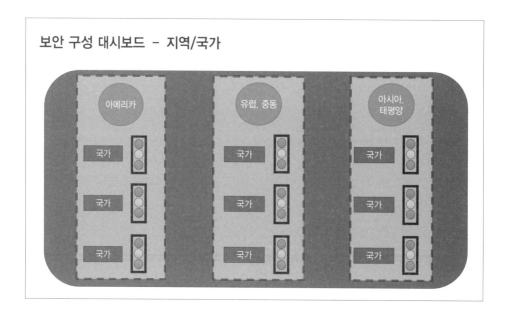

위험 점수 개발

이 프로세스의 위험 점수는 세 가지 요소가 기반이며, 기본값으로 이 세 가지를 사용한다.

- **적용 범위 측정 기준**(= 전체 점수의 15%)
  - 자산 관리 프로세스(IT 운영)
    - 정보 보안 도구를 사용하려면 스캔한 자산이 공식적인 자산이어야 한다.
    - 스캔을 위해 적절한 자격 증명이 필요하다.
  - 감지 스캔 프로세스(정보 보안)
    - 할당된 서브넷subnet에서 잠재적인 사기 장치와 섀도 IT^shadow IT1 찾기
- **위험 노출 측정 기준**(= 전체 점수의 50%)
  - **IT 위험**은 통제별로 각 위험 수준을 어떻게 평가할지 알려 준다.
  - **정보 보안 팀**은 스캔의 빈도와 보고서 배포에 대해 평가된다.
  - 기준이 유한하기 때문에 각 보안 구성 항목은 다음 수준으로 제공된다.
    - **카테고리 5**(중대한 영향)
      - 카테고리 5에서 찾은 결과 개수/카테고리 5 전체 통제 개수 = 점수의 20%
    - **카테고리 4**(높은 영향)
      - 카테고리 4에서 찾은 결과 개수/카테고리 4 전체 통제 개수 = 점수의 15%

---

1 조직에서 직원들이 IT 부서에서 승인하지 않은 클라우드 응용 프로그램이나 서비스를 구입하고, 이를 IT 관리 부서나 책임자가 파악하지 못하는 현상을 가리켜 섀도 IT라 한다. – 옮긴이

- **카테고리 3**(중간 영향)
  - 카테고리 3에서 찾은 결과 개수/카테고리 3 전체 통제 개수 = 점수의 10%
- **카테고리 2**(낮은 영향)
  - 카테고리 2에서 찾은 결과 개수/카테고리 2 전체 통제 개수 = 점수의 5%

- **조치 성능**(= 전체 점수의 35%)
  - 다음을 통해 위험을 줄일 수 있는 속도로 이해관계자(IT 운영)를 측정
    - 예외를 요청하고 보상 통제를 수립
    - 발견한 결과에 대해 교정
  - 이해관계자에게 처음 발견했을 시점부터 유예 기간이 주어짐
    - 30일이 경과된 카테고리 4/5의 개수 = 점수의 20%
      - 기한이 지난 카테고리 4와 5의 전체 개수/카테고리 4와 5 전체 통제 개수
    - 60일이 경과된 카테고리 3의 개수 = 점수의 10%
      - 기한이 지난 카테고리 3의 전체 개수/카테고리 3의 전체 통제 개수
    - 90일이 경과된 카테고리 2의 개수 = 점수의 5%
      - 기한이 지난 카테고리 2의 전체 개수/카테고리 2의 전체 통제 개수

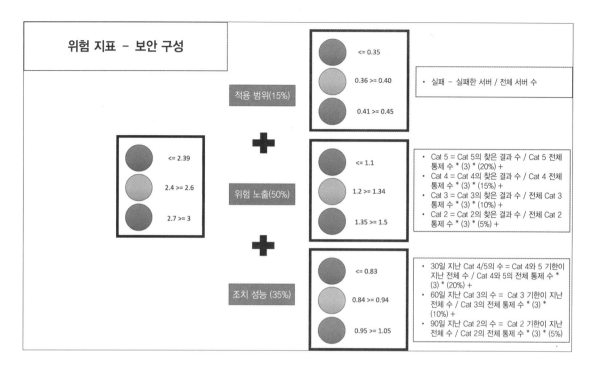

위험 지표 – 보안 구성

적용 범위(15%)

- <= 0.35
- 0.36 >= 0.40
- 0.41 >= 0.45

- 실패 – 실패한 서버 / 전체 서버 수

- <= 2.39
- 2.4 >= 2.6
- 2.7 >= 3

위험 노출(50%)

- <= 1.1
- 1.2 >= 1.34
- 1.35 >= 1.5

- Cat 5 = Cat 5의 찾은 결과 수 / Cat 5 전체 통제 수 * (3) * (20%) +
- Cat 4 = Cat 4의 찾은 결과 수 / Cat 4 전체 통제 수 * (3) * (15%) +
- Cat 3 = Cat 3의 찾은 결과 수 / 전체 Cat 3 통제 수 * (3) * (10%) +
- Cat 2 = Cat 2의 찾은 결과 수 / 전체 Cat 2 통제 수 * (3) * (5%) +

조치 성능 (35%)

- <= 0.83
- 0.84 >= 0.94
- 0.95 >= 1.05

- 30일 지난 Cat 4/5의 수 = Cat 4와 5 기한이 지난 전체 수 / Cat 4와 5의 전체 통제 수 * (3) * (20%) +
- 60일 지난 Cat 3의 수 = Cat 3 기한이 지난 전체 수 / Cat 3의 전체 통제 수 * (3) * (10%) +
- 90일 지난 Cat 2의 수 = Cat 2 기한이 지난 전체 수 / Cat 2의 전체 통제 수 * (3) * (5%)

앞의 그림에서 RAG 측정 기준을 사용함으로써 조직에서는 다음과 같은 분석을 시작할 수 있다.

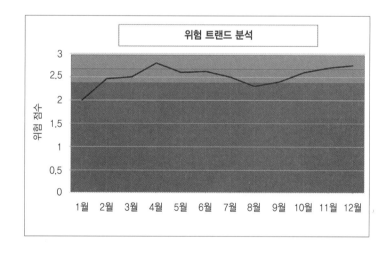

핵심 위험 지표 작업

프로세스에 문제가 있는지 여부를 알아야 한다. 따라서 점수를 개발하는 각 위험 측정 기준에는 KRI가 있어야 이해관계자에게 문제 발생 가능성을 알릴 수 있다.

각 영역은 전체 점수에 대한 중요도에 따라 가중치가 부여된다.

- **적용 범위**는 기본 3의 15%에 해당되며 0.45는 넘지 않는다.
  - 녹색GREEN = 0.41~0.45 또는 시스템의 90~100%가 스캔에 문제 없음
  - 주황색AMBER = 0.36~0.40 또는 시스템의 80~89%가 스캔에 문제 없음
  - 빨간색RED = <0.35 또는 시스템의 79% 이하가 스캔에 문제 없음
- **위험 노출**은 기본 3의 50%에 해당되며 1.5를 넘지 않는다.
  - 녹색GREEN = 1.35~1.5 또는 평가 중인 전체 통제 개수의 90~100%가 통과됨
  - 주황색AMBER = 1.2~1.34 또는 평가 중인 전체 통제 개수의 80~89%가 통과됨
  - 빨간색RED = <1.1 또는 평가 중인 전체 통제 개수의 79% 이하가 통과됨
- **조치 성능**은 기본 3의 35%에 해당되며 1.05를 넘지 않는다.
  - 녹색GREEN = 0.95~1.05 또는 평가된 전체 통제 개수의 90~100%가 정시에 해결됨
  - 주황색AMBER = 0.84~0.94 또는 평가된 전체 통제 개수의 80~89%가 정시에 해결됨
  - 빨간색RED = <0.83 또는 평가된 전체 통제 개수의 79% 이하가 정시에 해결됨

각 영역에서 팀이 함께 작업해야 하는 것을 알고 있으므로 프로세스가 주황색AMBER으로 진행될 것임을 경고하는 점수 또는 측정값을 부여할 수 있다.

- 적용 범위에 대한 핵심 위험 지표 = 0.41~0.42

- 위험 노출에 대한 핵심 위험 지표 = 1.34~1.35
- 교정을 위한 핵심 위험 지표 = 0.95~0.96

각 영역에서 어떻게 수행되고 어디에서 문제를 좀 더 상세하게 해결할 수 있는지 이해하고자 프로세스를 모니터링하고 더 주의가 필요한 영역을 부각시키는 또 다른 대시보드를 만들 수 있다. 다음 예를 보자.

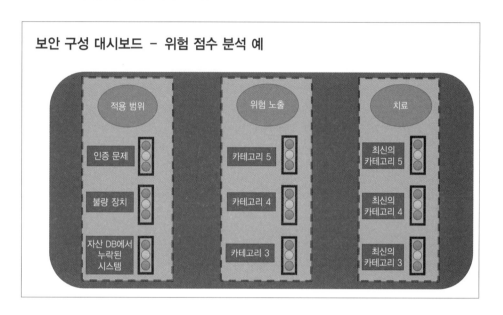

▌ 요약

14장에서는 보안 구성 관리의 종단 간 프로세스 예제를 보면서 일부 측정 기준을 만드는 방법을 검토했다. 대시보드를 만드는 것은 전체 팀이 프로세스 전체에서 성과 수준을 이해하는 데 매우 좋은 방법이다. KRI 임곗값을 개발함으로써 해당 팀에 경고가 전달될 수 있으며, 해결이 필요한 문제에 대해서 인식을 높여 준다.

15

요약

15장에서는 지금까지 배운 내용을 마무리한다. 사이버 인텔리전스에 대한 최종 생각들과 이 책에서 배운 중요한 사항을 다시 살펴보자.

▍평범한 하루 파트 3

13:00—동부 표준시. 위치: 버지니아 주, 센트럴리아, 체스티 루이스 풀러 통합 운영 센터(SOC)

"좋습니다. 회의를 합시다." 찰스가 말했다.

각 사람이 발표한 후 찰스는 계속 말했다.

"우리 대시보드에 팝업이 발생하는 상황이 APAC에 있었습니다. 어떤 악성코드가 첨부된 이메일이 있는 것으로 보입니다. 일본의 타츠야와 인도의 샌딥이 좀 더 명확한 분석을 위해 의논 중에 있지만, 현 상황은 통제되고 있는 것으로 보입니다. 맞습니까?"

"예, 맞습니다." 타츠야가 말했다. "사용자 한 명만 영향을 받았습니다. 사고 대응 절차에 따라 처리했고 증거를 확보했으며, 사용자는 다시 온라인 상태가 됐습니다."

"여기도 같은 상황이 발생했습니다." 샌딥이 말했다. "몇 분 전에 이러한 정보를 알려 주고자 보안 인식 이메일을 발송했습니다. 직원들에게 다른 상황이 발생하면 헬프 데스크에 알리도록 했습니다."

"좋습니다. 타츠야, 체코에 있는 담당자에게도 보내 주세요. 그도 이러한 자료들을 좋아합니다." 찰스가 말했다. "마우리치오, 방화벽은 어떻습니까?"

"저는 이미 IT 운영 담당자와 협업하고 있습니다. 위협 인텔리전스 직원한테 받은 TTP 정보를 기반으로 발신자 도메인을 차단했습니다."

"아주 좋습니다." 찰스는 위험 대시보드 모니터로 이동한다. "계속합시다. 잭, 보고해야 할 주요 KRI가 있습니까?"

"우리 1단계 응용 프로그램에 대해서 심각도가 높은 티켓 관련해서 교정 트랜드가 하락했습니다. 즉 녹색 상태를 유지하려면 일주일에 서버당 평균 0~3개의 취약점을 유지해야 하며, 계속 고쳐 나가야 합니다. 지금은 지난 4주간 약 3개가 있었습니다. 우리 모두 이러한 내용을 알고 열심히 노력하고 있습니다. 한 달 전부터 한 사람이 빠지게 돼서 모든 직원들이 대체해 업무를 보고 있습니다." 잭이 말했다.

"2단계 응용 프로그램은 심각도 단계가 주황색 상태에서 녹색 상태로 올라갔습니다." 잭이 덧붙여 말했다.

SOC 회의가 진행됨에 따라 각 참석자는 필요한 업데이트를 발표하고, 필요한 정보를 전달했다.

"좋습니다, 여러분." 찰스가 말했다.

"금요일입니다. 저는 APAC의 상사들에게 간단한 요약 보고서와 다른 PIR을 보내야 합니다. 더 이상 추가 내용이 없다면 회의는 여기서 마치겠습니다. 좋은 하루 보내세요."

▌ 이야기의 교훈

솔직히 이야기의 교훈은 효과적으로 협업 수단을 구축하면 효율성을 높일 수 있다는 것이다. 전달된 정보는 이해관계자가 적용할 수 있고, 업무에 활용할 수 있다. 서로 간에 영향을 미치는 종단 간 프로세스를 시각화하고자 사용자 맞춤형 대시보드와 보고서로 정의해 작업할 수 있다. KRI 수립 시 프로세스의 장애 발생 전에 프로세스의 성능 저하 트렌드를 파악할 수 있다.

이전의 모든 장은 다음의 이상한 다이어그램의 실마리가 된다.

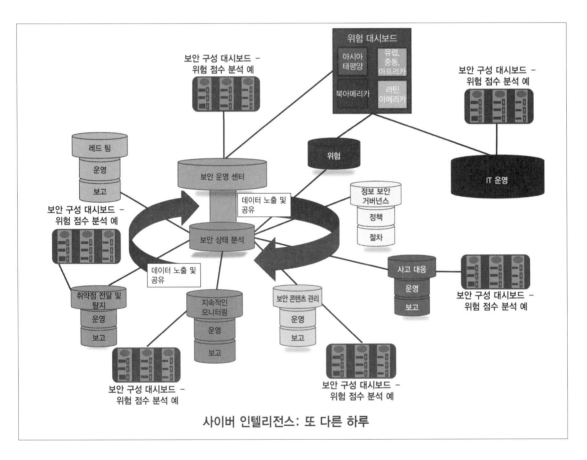

사이버 인텔리전스: 또 다른 하루

IT 조직은 기능과 보안을 위해 서로 간에 의존하는 복잡한 시스템이 상호 연결된 거미줄이다. 팀의 각 개체가 달성하려는 목표만큼 서로 다른 수준에 필요한 우선순위들을 전달하는 좀 더 나은 방법을 개발해 개선할 수 있다.

이 목표점에 도달하는 데 얼마나 걸리나?

일단 도달하면 다음 할 일은 무엇인가?

이 점에 도달하려면 각 수준에서 PIR을 관리해야 한다고 생각한다. 앞에서 논의한 바와 같이 전략적 의사결정은 전술적 리더들에게 전달된다. 조직 내에서 모든 PIR을 관리할 수 있는 실제 사이버 인텔리전스 기능을 만들어서 이를 향상시킬 수 있다. 이러한 내용이 광범위한가? 그렇다. 하지만 자원이 잘 갖춰진 일부 조직은 이미 기능을 구현하고 있다고 생각한다.

PIR을 관리할 수 있는 실제 사이버 인텔리전스 기능이 다음 단계의 결과라고 생각하며, 군에서 실 사례를 봤다. 주변의 정보를 활용해 실시간 인텔리전스를 개발하고 공격자와 효과적이며 효율적으로 교전하는 데 활용한 몇 가지 전투 작전에 참여했다. 대부분 사람들은 군의 사고방식이 단지 명령을 복종하는 것이라고 생각한다. 물론, 부분적으로만 사실이다. 반면에 군의 사고방식은 목적을 갖고 있다. 그 목적은 승리하는 것이다. 승리는 목표를 달성하고자 성별에 관계 없이 힘을 합친 결과다. 군 전문가들로 구성된 팀의 협업과 상호작용에서 봤듯이 필자는 이런 종류의 사고 방식을 업무에 적용하고 싶다.

사이버 인텔리전스는 이러한 종류의 사고를 가능하게 하며, 우리는 이미 데브옵스 DevOps, 애자일, 섹데브옵스SecDevOps를 적용해 목표를 달성하고 있다.

사이버 인텔리전스는 우리가 이미 수행하고 있는 내용과 일부 차이가 있고, 조직에서는 이런 차이를 벗어나기가 쉽지 않다. 그러나 팀에 도움이 될 수도 있고, 되지 않을 수도 있다. 이 책은 개념을 시도하고 설명하는 여정의 시작일 뿐이다.

그래서 최종적으로 다음 내용을 제시한다.

- 당신과 공격자는 의사결정 사이클(OODA 순환)을 갖고 있다. PIR을 수립해 OODA 순환을 더 작고 빠르게 만들자.
  - 한 발 앞서서 공격자를 물리치자.
- 그들의 사이버 킬 체인을 이해하고 의사결정 사이클을 방해하고자 아는 정보(위협 인텔리전스)를 활용하자.
  - 혼돈을 줘서(적극적인 방어) 공격자의 시간이 가치가 없도록 하자.
- 조직, PIR 전체에 인텔리전스 프로세스를 개발하고, F3EAD를 사용해 주요 이해관계자에게 의사소통할 수 있는 통로를 다시 활성화하자.
  - 악용을 줄일 수 있도록 의사소통을 잘하자.
- 종단 간 프로세스의 약점을 찾고 조직의 프로젝트 우선순위를 정하고 F3EAD를 사용해 잠재적인 공격 경로를 줄이자.
  - OODA 순환과 OPSEC
- 프로세스들과 주요 이해관계자들에 대해 식별된 위험을(사용자 정의형 대시보드를 통해) 시각화하자.
  - 사람들은 자신의 상태가 좋은지, 개선이 필요한지, 나쁜지를 복잡한 모든 측정 기준들로 알고 싶어한다. 간단하게 유지하자.
- 이해관계자에게 엄청나게 많은 교정 보고서를 제출하는 것은 중요한 항목을 놓쳐 조치를 취하지 못하도록 할 수 있다.
  - 위험이 발견된 여러 보고서에서 정보를 걸러내 업무에 우선 순위를 정할 수 있다.

여러분도 필자가 집필할 때만큼 재미있게 내용을 읽었길 바란다. 아울러 건설적인 비판을 해주길 기대한다. 끝까지 읽어 줘서 감사하다.

찾아보기

실전 사이버 인텔리전스

기업의 정보보안에서 즉시 활용할 수 있는 사이버 인텔리전스 체계 구축

발 행 | 2020년 6월 30일

지은이 | 윌슨 바우티스타 주니어
옮긴이 | 박 정 우 · 최 대 수

펴낸이 | 권 성 준
편집장 | 황 영 주
편 집 | 이 지 은
디자인 | 박 주 란

에이콘출판주식회사
서울특별시 양천구 국회대로 287 (목동)
전화 02-2653-7600, 팩스 02-2653-0433
www.acornpub.co.kr / editor@acornpub.co.kr

한국어판 ⓒ 에이콘출판주식회사, 2020, Printed in Korea.
ISBN 979-11-6175-429-1
http://www.acornpub.co.kr/book/cyber-intelligence

이 도서의 국립중앙도서관 출판시도서목록(CIP)은 서지정보유통지원시스템 홈페이지(http://seoji.nl.go.kr)와
국가자료공동목록시스템(http://www.nl.go.kr/kolisnet)에서 이용하실 수 있습니다.(CIP제어번호: CIP2020024545)

책값은 뒤표지에 있습니다.